JN175554

大相撲立行司の
軍配と空位

根間弘海
Nema Hiromi

専修大学出版局

本書を妻尚子に献呈する。

いつも温かく静かに応援してくれていることに
心から感謝している。

まえがき

　本書は大相撲行司に関する7篇の論考で構成されている。3篇は軍配の房色に関するもので、紫房の異種、准立行司の半々紫白房、文字資料と錦絵の不一致を扱っている。2篇は番付記載の様式と立行司の空位に関するものである。他の2篇は軍配の形に関するものと現役行司の軍配に関するものである。このように、論考はそれぞれ特定のテーマを扱っているが、すべて行司に関するものである。

　1つの論考は1つの章となり、それぞれがそれ自体で完結している。7篇はテーマが近いものをまとめて編成してあるが、実際はどの順序でもかまわない。したがって、関心のある章から先に読み始めてもよい。もちろん、第1章から順々に読み進めてもよい。

　参考までに、それぞれの論考についてもっと詳しく述べておく。これを読めば、それぞれの章で何が重点的に扱われているか、大体の見当がつくはずだ。

第1章　紫房の異種

　明治43年（1910）5月に行司装束改正が行われ、階級と軍配の房色が一致するようになった。それ以降、立行司の木村庄之助は総紫、式守伊之助は紫白となった。それでは、それ以前も木村庄之助は総紫だっただろうか。実は、そうではなく、「准紫」だったのである。つまり、紫糸の中に白糸が1ないし3本混じっていたのである。ところが、吉田司家が授与した明治31年（1956）4月の免許状では「紫白打交ぜ」となっている。これを仮に「真紫白」と呼ぶ。16代庄之助の「准紫」と免許状の「真紫白」は同じものだろうか、

iii

それとも異なるものだろうか。つまり、「准紫」は「真紫白」の別名だろうか。本章では、それをめぐって論じ、「准紫」と「真紫白」は異なるものであると結論づけている。

第2章　准立行司と半々紫白

　明治末期の木村庄之助と式守伊之助は「真の」立行司で「総紫」であり、第三の「准立行司」は「紫白」だと指摘されることがある。しかし、実際は、木村庄之助は「総紫」であり、式守伊之助は「真紫白」だった。それでは、第三の准立行司はどんな「紫白」だったのだろうか。本章ではそれを「半々紫白」と呼ぶ。本章では、式守伊之助と第三の准立行司は同じ「紫白」だが、実際は「真紫白」と「半々紫白」という区別があったと指摘する。昭和時代になると、この「半々紫白」は「真の」立行司にも適用されている。大阪相撲から来た第三の立行司・木村玉之助は「半々紫白」だった。また、昭和26年（1951）6月に設けられた副立行司もやはり「半々紫白」だった。その副立行司は昭和35年（1960）1月から廃止になり、同時に半々紫白も消えてしまった。

第3章　文字資料と錦絵

　文字で書かれた資料と相撲を描いてある錦絵は相互に補完的だが、ときどき一致しないことがある。本章では、文字資料と錦絵で一致しない例をいくつか取り上げた。たとえば、吉田司家が寛延2年（1749）に5代木村庄之助に授与した免許状によると、この行司は草履を履くことが許されている。これは真実だろうか。実は、真実ではない可能性が高いのである。なぜなら木村庄之助に草履が許されたのは明和8年（1771）だからである。この草履をめぐる問題の解決に重要な役割を果たすのが、錦絵である。明和8年を境にして、それ以前の錦絵では木村庄之助は素足で描かれているが、それ以降の錦絵では草履を履いて描かれている。また、文字で確認できないことが錦絵

まえがき

で確認できることもある。本章ではこのようなケースについてもいくつか
扱っている。

第4章　番付の行司

　現在の番付表は、行司の場合、並列式に記載しているので、席順を簡単に
見分けられる。つまり、右から左へ席順は低くなっているからである。異な
る階級を同じ段に記載するときは、階級の間に明確なスペースがある。とこ
ろが、以前はそのような方式ではなく、傘形方式（あるいは山形方式）と呼
ぶものだった。地位の高い行司を中心に記載し、その左右に交互に分けてい
たのである。しかも、階級の異なる行司を1つの傘の中に記載したり、同じ
階級を2段に分けたりすることもあった。当時の記載方式に慣れていない場
合、行司間の階級だけでなく席順の見分けも難しいことがある。本章では、
明治30年（1897）以降の番付で行司がどのような方式で記載されたかを調べ
ている。それは常に一定の方式に従っていたわけではない。本章では、いつ
から現在の方式に定着したかについても指摘している。

第5章　立行司の空位

　平成27年（2015）5月場所以降、38代木村庄之助は現在（平成28年5月）
まで空位である。なぜそのような空位が続くのだろうか。以前は、立行司が
1人空位になると、それをただちに補充していた。そういう伝統があった。
ところが、昭和47年（1972）5月にその伝統は破られた。なぜ破られたのだ
ろうか。伝統は単に一時的に途切れたのではなく、その後はたびたび空位が
生じている。この空位をめぐっていくつか疑問が湧いてきた。たとえば、立
行司は相撲規定の中でどうなっているか、立行司は誰がいつ決めるか、立行
司を決める基準みたいなものがあるかなどである。本章では、昭和47年5月
以降の空位について調べ、協会は空位にした理由を常に公的にしているかど
うかも指摘してある。

v

第6章　軍配の形

　現在（平成28年5月）、行司はすべてと言っていいくらい、卵形を使っている。例外的に木村庄太郎や木村悟志が卵形を使うこともあるが、同時に瓢箪形（ひょうたんがた）も併用している。以前は瓢箪形が優勢だったこともあるが、現在は卵形ばかりになっている。その卵形が多く使われるようになったのは、いつ頃からだろうか。それを知ることはできるだろうか。また、相撲の本には幕末のある時期、木村姓は瓢箪形を、式守姓は卵形をそれぞれ使用していたという指摘をするものもある。それはおそらく天保末期の『当世相撲金剛伝』に基づいているようだが、当時、そのような区別が実際にあったのだろうか。本章では、文政以降の『金剛伝』や錦絵などを調べ、木村姓や式守姓による軍配の形は決まっていなかったと結論づけている。ついでに、文政以前の資料も提示してある。

第7章　相撲の軍配

　私は行司を研究し始めた頃、行司は軍配を何本ぐらい持ち、どこで作成し、どのくらい費用をかけているのだろうかなどと素朴な疑問を抱いたことがある。相撲の本などを読めばその疑問はある程度解消したが、その疑問を行司に直接質問し、じかに確認したいという気持ちもあった。それで、勇気を振り絞り、実際にアンケート調査を実施することにした。それを実施するには、もちろん、当時の理事長や立行司の了承が必要であった。本章は、そのアンケート調査の結果報告である。平成11年（1999）に調査をし、平成18年（2006）に発表した。数年を経た現在でも、そのアンケート調査の内容は基本的に変わらない。行司が入れ替わり、それに伴って軍配面の文字や絵図などにも変化があるが、そのような変化は当然予測できるものである。

　このように、本書は7篇で構成されているが、新しい考えを提案したもの

もあるし、単に事実を整理したものもある。中には、専修大学の紀要にすでに発表したものもある。本書に組み入れるに際しては、加筆修正を施してあるが、内容的には同じである。

　本書の執筆では、特に立行司（29代、33代、35代、36代）と現役の式守伊之助（40代）、それから大相撲談話会の多田真行さんに随分お世話になった。ここに改めて感謝の意を表しておきたい。それぞれの立行司には私が行司に関心を持ち始めてから今日までずっとお世話になっている。行司に関してわからないことがあったら、じかに立行司に教わってきた。また、多田さんには分量の多い原稿を読んでもらい、率直なコメントをいただいた。そのコメントは本文の中に反映させてあるが、ご指摘の箇所などに関しお世話になったことは何も記していない。多田さんは私の大学時代のゼミの受講生で、現在は「大相撲談話会」のメンバーとして大いに活躍している。

　今回も専修大学出版局から出版することになった。大変ありがたいことである。出版局の笹岡五郎編集長と真下恵美子編集者にはこれまで同様に特にお世話になった。ここにお二人に、改めて感謝の意を表しておきたい。

　本書をまとめ終わったのは平成28年6月末日である。出版までにはいくらか月日が経過しているが、その間の出来事については、基本的に、触れないことにしてある。相撲は生き物と同じように、本場所ごとに番付や人事も変化する。本書に記述してあることは、原稿を書き終えた平成28年6月末日を終点としている。そのことを改めてここに記しておく。

vii

目　次

まえがき ……………………………………………………………… *iii*

第1章　紫房の異種 ……………………………………………… *1*

　1. 目的　*1*

　2. 16代木村庄之助と6代木村瀬平の紫　*5*

　　2.1　16代木村庄之助の紫　*5*

　　2.2　6代木村瀬平の紫　*6*

　　2.3　真紫白から准紫へ　*7*

　　2.4　間接資料　*10*

　3. 15代木村庄之助の紫房　*14*

　　3.1　文字資料　*14*

　　3.2　錦絵　*17*

　　3.3　異なる紫　*18*

　　3.4　准紫　*21*

　4. 14代木村庄之助の紫　*24*

　　4.1　御請書　*24*

　　4.2　明治11年から15年頃の錦絵　*25*

　　4.3　明治17年の天覧相撲の錦絵　*27*

　5. 8代式守伊之助の紫　*29*

　　5.1　明治30年の紫　*29*

　　5.2　木村家と式守家　*31*

　6. 階級色としての総紫と紫白　*33*

　7. 今後の課題　*36*

8. 【追記】15代木村庄之助の准紫　*38*

第2章　准立行司と半々紫白 ……………………………………… **43**

1. 目的　*43*
2. 木村庄三郎の房色　*45*
3. 准立行司　*47*
    3.1　木村進　*48*
    3.2　木村誠道　*49*
    3.3　木村朝之助　*52*
    3.4　式守与太夫（5代）　*53*
    3.5　式守勘太夫　*54*
4. 松翁の半々紫白　*55*
5. 昭和の半々紫白　*60*
    5.1　木村玉之助　*60*
    5.2　副立行司　*64*
6. 副立行司の免許状　*67*
7. 今後の課題　*70*

第3章　文字資料と錦絵 ……………………………………… **73**

1. 目的　*73*
2. 9代木村庄之助の紫白房　*74*
    2.1　免許状の紫白房　*74*
    2.2　免許状の草履　*76*
    2.3　天明8年の草履　*77*
3. 13代木村庄之助　*79*
4. 6代式守伊之助の紫　*81*
5. 御請書と14代木村庄之助　*82*

x

目　次

6. 15代木村庄之助　*88*

7. 今後の課題　*92*

8. 【追記】錦絵「勇力御代之栄」について　*94*

第4章　番付の行司 ・・・ **97**

1. 目的　*97*

2. 番付の席順　*101*

3. 番付と房色　*110*

4. 番付と草履　*118*

5. 結び　*124*

第5章　立行司の空位 ・・・・・・・・・・・・・・・・・・・・・・・・・・・・・・・・・・・・・ **127**

1. 目的　*127*

2. 立行司の空位場所　*129*

3. 相撲規定　*130*

4. 昭和47年（1972）5月に始まる空位　*133*

5. 平成6年1月と3月の空位　*142*

6. 29代庄之助への質問　*147*

7. 平成23年（2011）1月に始まる空位　*151*

8. 38代庄之助の空位　*152*

9. 結び　*153*

【資料】立行司と三役行司の番付状況　*156*

第6章　軍配の形 ・・・ **167**

1. 関心事　*167*

2. 軍配の名称　*171*

xi

3. 軍配の形　*172*

4. 木村姓と式守姓の軍配　*173*

5. 卵形になった時期　*179*

6. 結び　*181*

【参考資料】文献に見る軍配の形　*185*

資料1　木村庄之助と式守伊之助の軍配　*185*

資料2　正徳以前の相撲絵に描かれた団扇　*186*

資料3　『金剛伝』の軍配　*189*

資料4　正徳から安永までの相撲の本に描かれた団扇　*192*

資料5　天明以降の錦絵や写真などで見る軍配　*193*

第7章　相撲の軍配 ·············· *197*

1. 関心事　*197*

2. 軍配の本数　*200*

3. 軍配の表側と裏側　*203*

4. 軍配の調達法　*205*

5. 軍配の材質や大きさ　*206*

6. 使用済みの軍配の扱い　*207*

7. 結び　*208*

【資料】軍配に関するアンケート質問とその結果　*211*

参考文献 ·············· *231*

あとがき ·············· *235*

拙著と拙稿 ·············· *238*

索引 ·············· *242*

xii

第1章　紫房の異種

1. 目的

本章では、明治時代の立行司軍配の房色「紫」に関連することを論じる[1]。具体的には、主として次の4点である[2]。

(1) 16代木村庄之助と6代木村瀬平の准紫はいつ許されたか。紫白が先に許され、その後に准紫が許されたのか。それとも最初から准紫だったのか。

(2) 15代木村庄之助の准紫は明治31年（著者注：明治30年〈1897〉）に許されたとする文献がいくつかあるが、それは本当だろうか。それまで

---

1) 本章は拙著『大相撲行司の房色と賞罰』（H28）の第2章「軍配の房色」と第3章「明治立行司の紫房」をより深く研究したものである。その延長であると言ってもよい。明治時代の紫房については拙著『大相撲行司の伝統と変化』（H22）の第4章「明治時代の紫は紫白だった」でも扱っている。なお、立行司の襲名期間に関心があれば、たとえば、『人相撲人物大事典』（ベースボール・マガジン社、H13）の「行司の代々」（pp.685-706）が参考になる。

2) 紫房を「真紫白」と「准紫」に分けたり、いつ准紫が許されたかを特定しようとしたりすることはこれまでほとんど論じられることがなかった。これらの疑問に対する答えが自明だったわけでなく、そのような細かい疑問にあまり関心がなかったのである。本章が初めてその答えを得ようとしたといっても過言ではない。しかし、疑問を提示したもののそれに対する答えが出ているかとなると、多くの場合は未解決である。それを解決するには、今後の研究が必要である。

は紫白だったのだろうか。

(3) 14代木村庄之助が「紫」を許されたとする明治時代の新聞や本はないが、本当に使用していなかったのだろうか。

(4) 8代式守伊之助は明治30年春場所7日目（2月17日）に「紫」を許されている。それは「准紫」だったのだろうか、それとも「紫白」だったのだろうか。

「紫」と言っても、それにはいくつか異種がある。説明の便宜上、次のようにその異種を区分する。

・総紫：　紫糸のみの房である。現在の木村庄之助は総紫の房である。明治43年（1910）5月以前は「総紫」を使用した形跡はない[3]。そのため、この総紫は、本章では扱わない。

・紫白：　白糸が混じっているもの。紫糸と白糸の割合によって、異種がある。

　・准紫：　白糸が1本ないし3本くらい混じったもの。一見すると、総紫である。これは「総紫」の一種だと分類することもできるが、白糸が混じっていることから、本章では「紫白」の一種として扱う。明治43年まではこの「准紫」が最高位の房色である[4]。

　・真紫白：　白糸が数十本混じったもの。これは現在の式守伊之助

---

3) 総紫と紫白房の場合、行司の階級と房色が一致したのは、公式には明治43年5月である。行司装束改正が行われたとき、房色と階級が一致するようになった。実際には、明治42年6月の国技館開館後から房色と階級の一致は検討されていたに違いない〔たとえば『読売新聞』（M43.2.9）の「角界雑俎」や『時事新報』（M43.2.9）の「相撲界〈行司の装束〉」〕。だが、それを明確に公的に示したのは明治43年5月の新聞報道である。明治43年の新聞〔たとえば『都新聞』（M43.4.29）の「庄之助の跡目」〕を見ると、立行司の紫房に差異があったことがわかる。

4) 紫糸の中に白糸が1本ないし3本くらい混じっていたことは、たとえば『読売新聞』（M30.2.10）や三木・山田編『相撲大観』（M35、p.300）などでも確認できる。

第1章　紫房の異種

の房色に近似するものである。紫糸と白糸の割合は必ずしも明確でないが、一見して、白糸が少し混じっていることがわかる「紫」だったに違いない。一般に「紫白」という場合、この「真紫白」を指す。

・半々紫白：　白糸と紫糸が同じくらいの割合で混じったもの。これは、明治末期から大正末期までの准立行司（あるいは立行司格）や昭和34年（1959）11月まで副立行司が使用していた房色である[5]。明治30年代までも「半々紫白」は使用されていた可能性がある。相撲協会だけの許しを受けた「紫白」があったという新聞記事が散見されるからである[6]。吉田司家は文書で正式の行司免許を出すのでなく、非公式に黙認していたようだ。しかし、本章では、明治30年（1897）以前の「半々紫白」は存在していた可能性を認めながらも、やはり「真紫白」として分類する。「半々紫白」と確認できる証拠が乏しいからである。

　吉田司家が立行司に授与した行司免許状には「紫」の房色は「紫白打交紐」という表現になっている[7]。この「紫白打交紐」が、実際は、「准紫」だったのか、それとも「真紫白」だったのかは、必ずしもはっきりしない。紫糸と白糸の割合が免許状からは何もわからない。しかし、新聞記事や本などの文献では、「紫白」というより「紫」として記述されていることが多

---

5)　藤島著『力士時代の思い出』（S16、p.87）にあるように、准立行司木村玉之助も「半々紫白」だった。大正時代の第三席の准立行司も、多くの場合、半々紫白だったはずだ。真紫白と半々紫白を区別することはほとんどなく、普通、一括りにして「紫白」と称されている。式守伊之助と木村玉之助はともに紫白である。

6)　紫白房を協会が許すと言っても、吉田司家に何の断りもなく許すことはなかったはずだ。水面下で司家の許可を受けていたに違いない。吉田司家が正式な文書の許可を出さず、「黙許」として扱っていたかもしれない。それは横綱土俵入りを引くとき、臨時に一時的に許されていたかもしれない。臨時的な「黙許」が長期間に及んだかどうかはわからない。

3

い。そのために、実際は、「准紫」と「紫白」のいずれであるか、その見極めが難しくなる。もちろん、「総紫」ということはない。本章では、吉田司家の行司免許状の「紫白打交紐」は、「真紫白」だったとしている。

　行司の階級と房色が明確になった明治43年（1910）5月でも立行司の房色は「紫」と呼ぶのが一般的だった。つまり、厳密には2種の「紫」があったにもかかわらず、一括りにしてともに「紫」と呼んでいたのである。したがって、その「紫」が「准紫」なのか「真紫白」なのかを見極めることは、ほとんど無理ということになる。その慣行は大正時代や昭和時代でもときおり見受けられる。

　「准紫」と「真紫白」を一括りにして「紫」と呼ぶ慣行があったために、「准紫」と「真紫白」の区別がわからなくなっただけではない。「真紫白」から「准紫」になったのが「いつ」なのかもわからなくなった。また、「紫白」から「准紫」に変わったのではなく、最初から「准紫」を許されていたという見方も生じる。本章ではいずれが妥当な見方かを調べ、初めは「真紫白」だったが後に「准紫」になったという見方を提示する。問題はいつ「真紫白」から「准紫」になったかであるが、本章では明確に答えを提示できていない。

---

7)　16代木村庄之助に授与された免許状の写しは『東京日日新聞』（M45.1.15）の「明治相撲史—木村庄之助の一代」で見ることができる。この免許状は明治31年4月11日の日付になっている。16代以前の立行司の免許状の写しは確認できないが、おそらくすべて「紫白打交紐」あるいは「紫白紐」のような表現になっていたはずだ。たとえば9代木村庄之助は『角觝詳説活金剛伝』〔（蓬莱山改め）立川焉馬撰、文政10年校了、11年発行〕では「吉田追風門人　無字団扇紫打交紐上草履免許」となっている。この「紫」は「紫白」の写し間違いかもしれない。紫にどの色を混ぜ合わせたのかは不明だ。

4

第1章　紫房の異種

2. 16代木村庄之助と6代木村瀬平の紫

2.1　16代木村庄之助の紫

　15代木村庄之助が明治30年（1897）9月に死去したため、木村誠道がその後を継ぎ、明治31年1月場所の番付から16代木村庄之助となり、吉田司家から紫房を許されている[8]。

　・上司編『相撲新書』（M32.1）[9]
　「明治31年3月肥後国熊本に至り、吉田家の門に入りて角力行司秘術皆伝の免許を得、麻上下、木剣、紫房を許されたりという」（p.88）

　・酒井著『日本相撲史（中）』（S39）

---

8)　『読売新聞』（M30.12.26）の「16代目木村庄之助の免許」の項では、16代木村庄之助誕生の経緯が述べられている。16代木村庄之助の立行司を協会が吉田家に請願し、その許可が12月中に下りたことである。そのときに、房色の「紫」についても許されたかどうかははっきりしない。房色に関し吉田司家から特別に許可がなかったとしても、協会と吉田司家の間では暗黙の了解があり、「紫」は許されていたに違いない。なお、『大阪朝日新聞』（M30.12.21）の「16代目木村庄之助」の記事には、協会が木村誠道に庄之助襲名の免状を授与したことが述べられている。これに先立って、『読売新聞』（M30.12.18）の「16代目庄之助の履歴」にあるように、木村誠道は庄之助名跡の辞令を協会から受けている。『読売新聞』（M30.12.26）の「16代目木村庄之助の免許」によると、吉田司家が16代木村庄之助を許可する文書が届いたのは12月26日である。当時、立行司の襲名にはいくつかの手続きが必要だった。

9)　本章では引用するとき、語句を現代的表記に変えることもある。たとえば、「総」は「房」に変えてある。また、説明の便宜上、同じ箇所を繰り返し引用することもある。同じ引用であっても、扱う内容が異なることがあるからである。

5

「（著者注：木村誠道は）去年庄之助が没するに及んで16代庄之助を継ぎ、吉田家から皆伝免許、紫房を許された」（p.155）

2.2　6代木村瀬平の紫

　木村瀬平は明治32年（1899）3月に紫を許されている。本場所の使用は5月である。この紫について記述している文献はたくさんあるが、そのいくつかを示す。

・『読売新聞』（M32.3.16）の「木村瀬平、紫房を免許せらる」
　「東京相撲立行司木村瀬平がかねて志望なる軍扇の紫房はいよいよ一昨14日免許を得て小錦の方屋入を曳きたる（後略）」

・『報知新聞』（M32.5.18）の「行司の紫房、司家より庄之助らに許可」
　「〈行司紫房の古式〉　相撲行司の所持する紫房は、古より難しき式法のあるものにて、これまでこれを許可されしは、13代木村庄之助が肥後の司家吉田追風より許可されしを初めとし、これより後本式の許可を得たる者なかりしに、先ごろ死去したる15代木村庄之助が、再びその許可を得たり。されどこは単に相撲協会より許されしにて、吉田追風より格式を許されしにあらざりしが、今回大場所に勤むる木村庄之助（著者注：16代）及び瀬兵衛（著者注：6代瀬平）の二人は、吉田家及び相撲協会より、古式の紫房を許可せられ、今回の大場所に勤むるにつき、（後略）」[10]

---

10)　13代木村庄之助の紫は、おそらく元治2年か慶応元年（1865）に許されている。どちらかといえば、元治元年冬場所であろう。というのは、元治元年（1864）3月の「勧進大相撲東西関取鏡（国貞画）」（『江戸相撲錦絵』、S61.1、pp.146-8）では赤で描かれているが、元治2年春場所の絵番付「御免出世鏡」（景山著『大相撲名鑑』、p.20）では紫だからである。慶応2年3月の独り立ち姿（学研発行『大相撲』、p.127）ではすでに紫になっている。この13代木村庄之助の紫については、たとえば拙稿「江戸時代の行司の紫房と草履」（H25）でも少し詳しく扱っている。

第1章　紫房の異種

2.3　真紫白から准紫へ

　これらの文献からわかるように、16代木村庄之助は明治31年（1898）1月、それから、6代木村瀬平は明治32年3月（本場所は5月）、それぞれ「紫」を許されている。その「紫」は文字どおり「准紫」だろうか、それとも「真紫白」だろうか[11]。本章では、少なくとも2つの見方があると仮定する。

　一つの見方は、最初から准紫だったとするものである[12]。これを便宜的に「一回説」と呼ぶことにする。もう一つの見方は、最初は「真紫白」だったが、後で准紫を許されたとするものである。これをやはり便宜的に「二回説」と呼ぶことにする。本章では二回説の見方をしている。その根拠をこれから見ていく。たとえば、次のような新聞記事がある。

・『読売新聞』（M31.6.1）の「相撲だより」
「大場所中木村庄之助は軍扇に紫房、木村瀬平・式守伊之助両人は紫白打交房免許（中略）を協会へ請願したるため」

　これは過去のことを述べたものではなく、これから生じることを期待した記事である。16代庄之助はこれから「紫」（厳密には「准紫」）を使用したいのでそれを許してほしいという請願をしている。1月に許された「紫」が

11）　三木著『増補訂正日本角力史』（M42）／『相撲史伝』（M34）でも、庄之助と伊之助は緋房の団扇を許されるが、「紫房は年功を積んだ後に許し、これを緋房の上に置けり」（p.187）と述べている。さらに、「瀬平は庄之助、伊之助と相並んで草履、木剣、紫の格を有す」（p.187）とも述べている。その「紫房」が「准紫」なのか「真紫白」なのかはわからない。最初から「准紫」を許したという見方も可能である。

12）　階級と房色が一致した明治43年（1910）以降であれば、一回説が正しい。しかし、それ以前の紫房は名誉的な色彩であったので、同じ立行司であっても同じように紫房を授与されるとは限らなかった。たとえば木村庄之助でも紫房を授与される場合もあるし、されない場合もあった。授与される基準も明確に規定されていない。

7

「准紫」だったなら、そのような請願をすることはありえない。同時に、1月に許された房色は「真紫白」だったこともわかる。

　それが未来の房使用の請願であることは、6代木村瀬平と9代式守伊之助の請願で確認できる。両立行司とも「紫白」を請願している。当時、両立行司は「紫白」を許されていなかった。6代木村瀬平が「紫」を許されたのは、翌32年3月（本場所は5月）である。それまでは、おそらく、「赤」だったに違いない[13]。この請願から、当時、すでに「准紫」と「真紫白」の区別があったこともわかる。木村瀬平が16代木村庄之助と同じ「紫」を請願しなかったのは、庄之助がすでに「真紫白」を使用していたからである。庄之助が「紫」（厳密には「准紫」）を請願しているのに、同じ「紫」（厳密には「准紫」）を請願するわけにはいかないはずだ。

　興味深いのは、9代式守伊之助も「真紫白」を請願していることである。これも当時、式守伊之助が「真紫白」を使用していなかったことを示唆している[14]。この請願した「真紫白」を協会が受けつけたかどうかはわからない。協会が受けつけたとしても、結果的に、吉田司家が拒否している。なぜなら、この9代式守伊之助が「真紫白」を許されたのは、明治37年5月だからである。

　　・『都新聞』（M37.5.29）の「紫白の房と上草履」
　　「行司式守伊之助は昨日より紫白混じり房、同木村庄三郎は土俵の上草履使用、いずれも協会より免されたり」[15]

---

13)　本章の赤房は「朱房」、「緋房」、「紅房」と同義で使用してある。現在の相撲規定では「朱房」となっているが、以前はどちらも使用されていた。

14)　明治31年5月当時、9代式守伊之助の房色は「赤」だった。これは『読売新聞』（M30.2.20）の「相撲だより〈式守与太夫緋紐の事〉」で確認できる。赤は明治30年1月場所8日目から使用している。それまでこの式守伊之助は紅白だった。『読売新聞』（M34.4.8）の「木村瀬平以下行司の名誉」でも「赤」となっているが、それは追認したにすぎない。式守伊之助を襲名した明治31年5月当時はもちろん「赤」だったので、6月に「紫白」を請願したはずだ。

第1章　紫房の異種

　明治31年6月に木村瀬平が「真紫白」を請願していることが事実であるなら、明治32年3月に許された「紫」は「准紫」ではなく、「真紫白」である可能性が高い。31年6月に「真紫白」を請願したのに、吉田司家が翌32年3月にそれより上位の「准紫」を許すのは不自然である。明治32年3月は「真紫白」だったが、後に改めて「准紫」が許されたと見るのが自然である。すなわち、二回説が自然な見方である。

　三木・山田編『相撲大観』（M35）によると、木村庄之助と木村瀬平はともに「准紫」を使用している[16]。

　・三木・山田編『相撲大観』（M35）[17]
　「紫房は先代（著者注：15代）木村庄之助が一代限り行司宗家、肥後の熊
　本なる吉田氏よりして特免されたるものにて、現今の庄之助（著者注：16
　代）および瀬平もまたこれを用いるといえども、その内に1、2本の白色を

---

15)　この新聞記事では「紫白混じり」とあるので、「准紫」の可能性もまったく否定できないが、「真紫白」と考えるのは、第三席の木村庄三郎と同じ房色という他の新聞記事があるからである。『都新聞』（M43.4.29）の「庄之助の跡目」に「庄之助は紫、伊之助は紫白打交ぜにて庄三郎と同様なり」とある。この庄三郎は明治38年5月、「立行司」になった。残念ながら、明治38年当時の新聞記事では房色「真紫白」を確認できなかった。しかし、錦絵「横綱大砲土俵入之図」（明治38年5月5日印刷、玉波画、露払い・大戸崎、太刀持ち・太刀山）では紫で描かれているし、『都新聞』（M43.4.29）の記事では「真紫白」を確認できる。9代式守伊之助と6代木村庄三郎は明治37年以降、その房色「真紫白」は変化していないことになる。

16)　この記述を見る限り、木村庄之助と木村瀬平は同じ准紫になっている。家柄の差は房色にまったく反映されていない。これが真実かどうかを確認するには、もっと他の確かな証拠がほしいのだが、今のところ、そのような証拠はない。それゆえ、本章では木村庄之助と木村瀬平は同じ准紫だったとしている。

17)　この本は明治35年12月に出版されている。すなわち、少なくとも5月場所には木村庄之助は准紫であり、木村瀬平は紫白である。式守伊之助も「紫白」となっているが、それはミスの可能性がある。もしそれが正しいのであれば、『読売新聞』（M34.4.8）の「木村瀬平以下行司の名誉」や明治37年5月に「紫白」が許されたという記事などが間違っていたことになる。

交えおれり」(pp.299-300)[18]

　明治30年代になっても白糸がわずかばかり混じった「准紫房」しか許されていなかったとすれば、それ以前のいわゆる「紫房」は、実際は、「准紫」だったかもしれない。もしこれが真実だとすれば、8代木村庄之助や13代木村庄之助の「紫房」は「准紫」か「真紫白」だったことになる。いずれにしても、明治30年以前の「紫房」が「総紫」だったのか、それとも白糸が混じった「准紫」か「真紫白」だったかに関しては、もっと調べる必要がある。

2.4　間接資料

　木村庄之助（16代）と木村瀬平（6代）が初めは「真紫白」だったが、後に「准紫」を許されたのならば、いつ「准紫」になったのだろうか。実は、その時期をズバリ特定できる資料を見たことがない。その時期を特定するには、当時の資料から間接的に推定する以外にない。その資料をいくつか示す。

　　・　大橋編『相撲と芝居』（M33）
　　　「（前略）これからもう一つ進むと、土俵の上で草履を用いることを許される。これは力士の大関と同格で熨斗目麻上下に緋房の軍扇あるいはもう一つ上の緋と紫と染め分けの房のついた軍扇を用いるが[19]、この中で一人木村庄之助だけは、特別に紫房の軍扇を許される。紫房は行司の最高級で、ほとんど力士の横綱の如きものである。土俵の上で草履を用いる行司は、

---

18)　本章では、この『相撲大観』にあるとおり庄之助と瀬平は同じ「准紫」だったとしているが、実際は白糸の割合が少し異なっていたかもしれない。庄之助と瀬平は家柄に差があったからである。庄之助と伊之助にも差があり、それは房色の差として反映されている。しかし、今のところ、庄之助と瀬平の「紫房」に微妙な違いがあったとする資料を見たことがない。瀬平は伊之助と比較すると、地位でも房色でも上位に位置づけられている。

第1章　紫房の異種

前にも言った通り、力士の大関と同格だから、大関の相撲でなければ出ない。これは昔から木村庄之助、式守伊之助の両人に決まっていたが、近年この高級行司が三人もあることがあって、現に今でも庄之助、伊之助の他に木村瀬平を合わせて三人ある。」(p.43)[20]

「緋と紫の染め分けの房」が「紫白」を指しているかどうかで意見が分かれるが、本章では「紫白」として解釈している。そのように解釈すると、木村庄之助は准紫であり、木村瀬平と式守伊之助は紫白である。この本は明治33年（1900）5月に発行されているので、明治33年1月場所までにはすでにこの房色だったことになる。この年月を考慮すると、次のようになる。

① 木村庄之助の場合
　木村庄之助は明治31年6月の時点ではまだ「真紫白」だった。それが明治33年1月には准紫になっている。ということは、木村庄之助が准紫に変わったのは明治32年1月から33年1月の間である。厳密な期日までは特定できないが、准紫になったのは「明治32年中」としても大きく間

---

19)　この記事の「緋と紫の染め分けの房」というのは、おそらく「紫白」を指しているに違いない。赤でもないし、木村庄之助の准紫でもないからである。その中間にあるのは「紫白」しかない。本章では、そのように解釈している。

20)　木村瀬平も高級行司の一人だが、家柄も木村庄之助と同じかどうかははっきりしない。木村庄之助と同様に、紫房の中に白糸が1ないし3本混じっていたという記述もある。房色に全く違いがなかったかどうかは調べてみたほうがよいかもしれない。『東京朝日新聞』（M41.5.19）の「行司木村家と式守家」にあるように、木村庄之助が式守伊之助より家柄が上位だとする吉田追風の言葉もある。それは紫糸と白糸の割合にも反映しているかもしれない。木村瀬平の房色が木村庄之助と同等であったという記述もあるが、それが事実と一致するかどうかは吟味してみる必要があるかもしれない。もちろん、答えは簡単に得られないはずだ。活字資料が非常に乏しいからである。核心は、木村瀬平が「准紫」を許されたとき、それが16代木村庄之助の「准紫」とまったく同じだったかどうかということでなる。本章では、一応、「同じ」だったという扱いをしている。

違っていないはずだ。

② 木村瀬平の場合

　木村瀬平は明治32年3月（本場所では5月）に「紫白」になっている。明治33年1月の時点でもまだ「真紫白」である。しかし、三木・山田編『相撲大観』（M35）で述べられているように、木村瀬平は木村庄之助と同様に准紫を使用している。この『相撲大観』は明治35年12月の発行になっている。ということは、木村瀬平は明治33年5月から明治35年5月の間に准紫に変わったことになる。その間に一つ興味を引く出来事があることから、そのときに准紫も許されたかもしれない。それは明治34年4月である[21]。

・『読売新聞』（M34.4.8）の「木村瀬平以下行司の名誉」
　「大相撲組熊本興行中、吉田追風は木村瀬平に対し一代限り麻上下熨斗目並びに紫房の免許を与え、式守伊之助には麻上下熨斗目赤房免許を、木村庄三郎、同庄太郎には赤房を、式守与太夫、同勘太夫、木村宋四郎、同大蔵、式守錦太夫、同錦之助には足袋並びに紅白の房をいずれも免許したり」

　明治33年5月から35年5月の間に木村瀬平が准紫を許されたことは間違いないが、より厳密には明治34年4月に准紫を許されたようである[22]。もし明治34年4月に准紫になっていなければ、それは34年4月から35年5月の間ということになる。本章では、明治34年4月に木村瀬平が「一代限りの立行司」も授与されていることから、そのときに「准紫」も許されたはずだと推測している。

---

21) 『時事新報』（M38.2.6）の「故木村瀬平の略歴」では、明治34年4月に許されたのは「紫白紐」となっている。もしこの時に房色が変わったなら、それが「准紫」であったに違いない。吉田司家の「紫白紐」には「真紫白」と「准紫」があったかもしれない。

第1章　紫房の異種

　大橋編『相撲と芝居』（M33）では9代式守伊之助も「真紫白」を使用していたような記述になっているが、これは事実に反しているはずだ。というのは、明治34年4月の新聞記事でも9代式守伊之助に「赤」の免許が授与されているからである。さらに、9代式守伊之助が「真紫白」を許されたのは、明治37年5月である[23]。

　　　・『報知新聞』（M32.5.18）の「行司の紫房、司家より庄之助らに許可」
　　　　「今回大場所に勤むる木村庄之助（著者注：16代）及び瀬兵衛（同：6代）
　　　　の二人は、吉田家及び相撲協会より、古式の紫房を許可せられ、今回の大
　　　　場所に勤むるにつき、（後略）」

　この記事の「古式の紫房」とは何を指しているのだろうか。「准紫」なのだろうか、それとも「真紫白」なのだろうか。どの「紫」を指すかによって見方が異なる。さらに、木村庄之助と木村瀬平に同時に「紫」を許されたのか、そうでなかったのかによっても見方が異なる。

---

22)　本書の校正段階でわかったことだが、明治34年に紫が授与されたことは確かなようである。鎗田著『日本相撲伝』（M35）に「34年当代木村瀬平へ永年の勤功により紫紐を許されたり」（p.46）という記述がある。34年に授与された紫について記述されているだけで、明治32年3月の紫については何も言及されていない。なお、立行司は吉田司家から「故実門人」を許されたりするが、それは紫房と別物である。そのため、本章では故実門人を許された日付について言及していない。明治以降の立行司がいつ故実門人になったかについて関心があれば、たとえば吉田著『原点に還れ』（pp.118-20）、荒木著『相撲道と吉田司家』（pp.191-203）、吉田編『ちから草』（pp.123-35）などが参考になる。

23)　式守伊之助の紫白房に関しては、不可解な記事もある。『東京日日新聞』（M32.5.18）の「相撲行司の軍配」の項に、「当時の式守伊之助は当春名古屋興行の折、同家（著者注：吉田司家）より同じく紫房の栄誉を得て本場所には今度初めてこれを用いるにつき、本日自宅にて祝宴を催す由にて（後略）」とあり、式守伊之助は明治32年5月に紫白を許されている。これは協会の許しを受けずに吉田司家と直接交渉したのかもしれない。この記事は結果的に正しくないはずだが、祝宴を開いていることから吉田司家と何らかの同意があったかもしれない。

13

もし「紫」が「准紫」を指しているなら、木村瀬平は「真紫白」を使用していないことになる。なぜなら、その紫は明治32年3月に許されており、5月の本場所でそれを使用することになっていたからである。木村瀬平はいきなり「准紫」を許されたことになる。この一回説はありえないことではないが、これに従うと木村庄之助とのバランスが崩れる。明治31年6月に木村瀬平は「真紫白」を請願していたのに、それを格上げし、「准紫」を授与しているからである。木村瀬平の「准紫」は木村庄之助より遅れて授与されたと見るのが自然である。

　仮に木村瀬平が明治32年5月に准紫を許されたとすると、それは大橋編『相撲と芝居』（M33）の記述と矛盾する。なぜなら、木村瀬平は「真紫白」となっているからである。『相撲と芝居』によると、木村庄之助は特別な「紫」を使用している。それは木村瀬平より格上の「紫」に違いない。すなわち、「准紫」である。このように見てくると、この『報知新聞』（M32.5.18）は木村庄之助の「准紫」と木村瀬平の「真紫白」を一括りにして「紫」と呼んでいることになる。

　先ほど、木村庄之助は明治32年中に「准紫」になったはずだと指摘したが、この『報知新聞』（M32.5.18）に基づけば、32年5月だったことになる。木村瀬平の准紫に関して、32年5月とするにはやはり問題がある。明治33年発行の『相撲と芝居』によると、木村庄之助だけが紫房である。

3. 15代木村庄之助の紫房

3.1　文字資料

　15代木村庄之助が「准紫」を使用していたことは、明治30年（1897）の新聞記事で確認できる。

14

第1章　紫房の異種

・『読売新聞』（M30.2.10）の「式守伊之助と紫紐の帯用」
「（前略）この度行司式守伊之助は軍扇に紫紐を帯用せんとて裏面より協会
へ申し出たりしに、協会においても紫紐房は木村庄之助といえども、房中
に2、3の白糸を撚り混ぜ帯用することなれば、たとえ伊之助が精勤の功に
依りて許すとするも（後略）」

　この記事では8代式守伊之助が「紫」を申請したことだけでなく、木村庄
之助の「紫」には2、3本の白糸が混じっていることも述べられている。し
かし、木村庄之助が「准紫」であることはわかっても、いつからそれを使用
していたかはわからない。この木村庄之助が明治23年頃にはすでに「紫」
を使用していたことを確認できる新聞記事がある。また、錦絵では明治20
年頃すでに紫を使用していたことも確認できる。

・『読売新聞』（M23.1.19）の「相撲の古格」
「その免許は第一紫の紐房、第二緋、第三紅白にして、当時この紫を用いる
は木村庄之助、緋色は式守伊之助、木村庄五郎（著者注：のちの木村瀬
平）、同誠道、同庄三郎（同：5代）の四名なり」

　地位としての確定した立行司の房色は当時「赤」だったが、長年の精勤の
功として特別に「紫」を許すことがあった。一種の名誉的なものである[24]。
それでは、いつその「准紫」が木村庄之助に許されたのだろうか。それを見
ていくことにする。
　15代木村庄之助が横綱梅ケ谷の土俵入りを「紫」で引いていたとする新
聞記事があるが、これが事実に即しているかどうかは疑わしい[25]。

---

24)　「紫」が名誉的なものであったことは、立行司になってもそれを自動的に許されてい
　　なかったことからもわかる。これに関しては、多くの文献で指摘されている。江戸
　　時代でも紫糸の中に白糸が混じると「総紫」にならないことから、最高位の行司や
　　それに近い行司はそれを「紫白」として使用している。紫白房の許可を与えるの
　　は、吉田司家である。

・『東京日日新聞』（M32.5.18）の「相撲行司の軍配」

「（前略）　一昨年死去せし15代木村庄之助は同家より紫房の免^{ゆる}しをうけ、梅ケ谷、西の海、小錦の三横綱を右の軍配にてひきしことあり。（後略）」

　明治17年（1884）3月の天覧相撲で当時の木村庄三郎が横綱梅ケ谷の土俵入りを引いたことは確かである[26]。そのときの軍配房は「赤」だった。14代木村庄之助は「これより三役」の取組3番を裁いてはいるが、横綱土俵入りは引いていない[27]。梅ケ谷は18年5月場所を全休し、その場所後（厳密には12月）に引退している。その前場所、つまり1月場所では、木村庄三郎はその行司名のままで、まだ木村庄之助を襲名していない。木村庄三郎が木村庄之助を襲名したのは18年5月場所である。この新聞記事にあるように、15代木村庄之助は横綱梅ケ谷の土俵入りを引いていたことは事実だが、それは木村庄三郎を名乗っていたときであった。木村庄三郎を名乗っていたときは「赤房」であった[28]。

　明治25年の新聞記事でも15代木村庄之助が紫房を使用していたことは確認できる[29]。

---

25) この新聞記事の横綱梅ケ谷の土俵入りを引いたということが事実を正しく反映していなければ、明治18年から15代木村庄之助が紫を使用していたとするのは必ずしも正しくない。当時の梅ケ谷の横綱土俵入りを描いた錦絵では、木村庄之助は「赤」の場合もある。梅ケ谷の横綱在位期間は明治17年2月から翌18年5月までである。

26) 横綱土俵入りを引くには草履を履いていればよい。赤房でもよいのである。天覧相撲を描いた錦絵はたくさんあり、木村庄三郎が赤房で横綱土俵入りを引いているのがその錦絵で確認できる。

27) 14代木村庄之助は体調がよくなかったが、それを押して出場している（松木平吉著『角觝秘事解』、明治17年、p.16）。そのために、横綱土俵入りは木村庄三郎が務めたようだ。

28) 『読売新聞』（M30.9.24）の「相撲行司木村庄之助死す」の記事で15代木村庄之助が明治16年に「紫」を許されたかのような記述があるが、それはやはり正しくない。この記述は表現があいまいだが、「紫」が許されたのは「明治16年」ではなく、19年ないし20年である。もっと具体的には、19年5月場所か20年1月場所である。

16

第1章　紫房の異種

・『読売新聞』（M25.7.15）の「寸ある力士は太刀冠に頭を打つ」

「本年4月下旬東京力士西の海嘉次郎が肥後熊本に赴き司家吉田追風より横綱および方屋入りの節、持太刀の直免許を受けたるにつき、行司木村庄之助（著者注：15代）もこれにつれて司家より相撲故実三巻を授与し、特に横綱を率いる行司のことにしあれば、紫紐をも黙許されたるが（後略）」

なお、塩入編『相撲秘鑑』（M19.4、p.30）によると、15代木村庄之助は明治19年当時、朱房である。これが正しい記述だとすると、紫房になったのは少なくとも明治19年夏場所以降となる[30]。

3.2　錦絵

当時の錦絵を調べてみると、15代木村庄之助は明治20年（1887）に「紫」を使用しているのが確認できる。なお、「相撲博物館所蔵」とあるのは文字どおり相撲博物館が所蔵している錦絵である。

・明治20年2月届、「華族会館角觝之図」（相撲博物館所蔵）、国明筆、松本平吉。剣山と大達の取組で、木村庄之助は紫である。
・明治20年12月届、「弥生神社天覧角觝之図」（相撲博物館所蔵）、国明

---

29)　西の海は明治23年3月に横綱免許を推挙され、明治25年4月に吉田家で免許を受けているが、その頃描かれている錦絵（露払い・朝汐、太刀持ち・北海、絵師・菱川）の木村庄之助は紫房である。つまり、木村庄之助は明治23年頃すでに紫房を使用していた。実は、『読売新聞』（M25.6.8）の「西の海の横綱と木村庄之助の紫紐」にもあるように、この15代庄之助は明治25年以前から准紫を使っていた。これは本章を書き終えた後でわかった。これについては本章末尾の「8. 追記」でも言及してある。

30)　塩入編『相撲秘鑑』（M19）によると、15代木村庄之助が紫房で描かれた錦絵が見つかるのは、明治19年5月場所か20年1月ということになる。明治18年以前に紫房の錦絵が見つかると、その描かれた時期を検討しなければならない。ちなみに、梅ケ谷横綱土俵入りの錦絵（明治18年6月29日御届、国明画、出版人・山本与一、露払い・友綱良助、太刀持ち・大鳴門灘右エ門）では、木村庄之助は赤房である。

筆、出版人・松本平吉。西ノ海と剣山の取組で、木村庄之助は紫である。

・明治21年4月届、「弥生神社天覧角觝之図」（相撲博物館所蔵）、国明筆、松本平吉版。

一ノ矢と大鳴門の取組で、木村庄之助は紫である。

・明治21年12月届、「弥生神社天覧角觝之図」（相撲博物館所蔵）、国明画、松本平吉版。

剣山と西ノ海の取組で、木村庄之助は紫である。

　この他にも、15代木村庄之助の紫が描かれた錦絵はいくつかある。ここでは、参考までに、2つ示す。

・明治23年、横綱西ノ海の土俵入りの錦絵で、画題はない（相撲博物館所蔵）、春宣筆、松本平吉出版人。

露払いは千年川、太刀持ちは綾波、木村庄之助は紫である。

・明治25年、横綱西ノ海の土俵入りの錦絵で、画題はない（相撲博物館所蔵）、春宣筆、松本平吉出版人。

露払いは千年川、太刀持ちは朝汐、木村庄之助は紫である。

　これらの錦絵が示すように、20年代初期にすでに15代木村庄之助は「紫」を確認できるが、残念ながら、それが「准紫」だったのか、それとも「真紫白」だったのかは判別できない。錦絵でそれを判別するのは無理である。

3.3　異なる紫

　「准紫」と「真紫白」の区別を知るには、文字資料に頼らざるをえない。明治30年代に「紫」を許されたとする文献があるので、それがどの紫を指しているかを吟味してみよう。

第1章　紫房の異種

① 荒木著『相撲道と吉田司家』（S34）

「明治31年、15代木村庄之助に団扇の紐紫白打交を許す、これ団扇の紐紫白打交のはじめなり」（p.200）[31]

② 枡岡・花坂著『相撲講本』（S10）

「団扇の紐紫白を吉田家より授くるということは、15代木村庄之助へ明治31年に初めてやったことで、（後略）」（p.655）

この2つの文献によると、15代木村庄之助に「紫白」が許されたのは、「明治31年（1898）」となっている。この庄之助は30年9月に亡くなっているので、「31年」は明らかに間違いである。特に荒木著『相撲道と吉田司家』は吉田司家の資料を活用して著していることから、なぜこのようなミスが生じたのか不思議である。さらに不思議なのは「紫」ではなく、「紫白」を使用していることである。なぜなら、その「紫」はすでに9代木村庄之助、13代木村庄之助、6代式守伊之助にも許されていたからである[32]。この「紫」は、実は、「准紫」のことを指しているかもしれない[33]。

15代木村庄之助は明治30年以前から「真紫白」を使用していたことは、新聞記事や本などで指摘されている[34]。「紫白」はすでにこれまでも他の立

---

31) 表現が少しあいまいだが、これが紫白打交ぜ紐の初めだったという意である。

32) 9代木村庄之助の紫は錦絵「当時英雄取組ノ図」（国貞画）でも確認できる。その錦絵は、たとえば堺市博物館制作『相撲の歴史』（p.47）にもあり、東の方阿武松と西の方稲妻の取組を描いている。

33) 明治31年（著者注：明治30年）当時、「総紫」の房はなかった。紫白と准紫を一括りにして「紫」と表現することがあり、その見極めがときどき難しい。いずれにしても、当時は「総紫」はなかった。

34) 『東京日日新聞』（M32.5.18）の「相撲行司の軍配」によれば、15代木村庄之助は明治18年頃には紫を使用していることになるが、その紫が本当に正しいのかどうかはっきりしない。先にも触れたように、明治19年当時、この庄之助は「赤」だった。もし明治30年に「准紫」を許されたなら、それまでの「紫」は「真紫白」だったことになるが、明治30年に「准紫」が授与されたかどうかもはっきりしない。

行司にも許されており、「紫白」が許された行司は15代木村庄之助が初めてではない[35]。行司免許の「紫白打交紐」には「准紫」と「真紫白」があり、その「准紫」が15代木村庄之助に初めて許されたということを強調したかったのかもしれない。そうでなければ、首尾一貫した解釈ができなくなる。いずれにしても、「明治31年」という表現になっていることは単なるミスではなさそうである。他の多くの本でも押しなべて「明治31年」となっている[36]。最近出版された吉田司家の25世追風（吉田長孝氏）の書いた本の中でも同じ「明治31年」となっている。

③ 吉田著『原点に還れ』（H22）
「江戸時代は吉田追風家門弟である木村庄之助には、軍配の房の色は緋房『深紅色』を授与していた。当時、紫房は禁色で、吉田追風家の団扇にだけ認められていた。その後、明治31年、15代木村庄之助に対し23世追風善門が初めて紫分の団扇として紫房を授与し、それ以降今日に至っている」（p.135）

　吉田司家の25世追風の著書だけに「明治31年」も信頼したいが、先にも触れたように、やはりこれは間違いである。さらに、15代木村庄之助に授与された「紫」はその後もそのまま継承されていると述べてあるが、これも事実に反する。15代木村庄之助の房には白糸が1本ないし3本くらい混じっ

---

35) 木村庄之助（熊谷宗吉、27代）著『ハッケヨイ残った』（H6）の「歴代・木村庄之助」（新山善一筆、pp.212-5）にも紫房は明治31年、15代木村庄之助に初めて許されたと述べられている。これは明らかにミスである。なお、紫の種類については言及されていない。

36) 15代木村庄之助に「准紫」が許されたことを記述してある本はすべて、「明治31年」となっていることから、「孫引き」ではないかという疑問が生じる。誰が最初に「明治31年」と言い出したかははっきりしないが、明治44年の北川著『相撲と武士道』（M44）でも「明治31年」となっている。亡くなった後に「准紫」を許されたにもかかわらず、そのミスをどの本も修正していない。

ていたからである。つまり、「総紫」ではなく「准紫」だったのである。16
代木村庄之助と木村瀬平の房にも白糸が少し混じっていた。

　吉田著『原点に還れ』の「紫」が白糸の混じった「准紫」を表しているな
ら、これは解釈の相違によるものとすることもできる。しかし「それ以降今
日に至っている」という表現になると、明治30年に「総紫」が授与され、
それが現在に至っているという解釈しかできない。公式には、明治43年に
木村庄之助の房色は「総紫」になっている。つまり、それまでは最高の房色
は「准紫」だったが、それ以降「総紫」に変わったのである。もしかする
と、吉田氏は明治30年に「総紫」を初めて15代木村庄之助に許したと勘違
いしていたのかもしれない。ここではそれが明らかに勘違いであることを指
摘しておきたい。

3.4　准紫

　それでは、15代木村庄之助に「准紫」が授与されたのは、これらの文献
が述べているように、「明治30年（1900）」だろうか。実は、今のところ、こ
れを確認する資料は見つかっていない。したがって、「明治30年」を肯定も
否定もできない。しかし、明治30年ではなく、それ以前に授与された可能
性を示唆する資料ならある。それをここで参考までに示す。

・『読売新聞』（M30.2.10）の「式守伊之助と紫紐の帯用」
　「東京相撲行司は古来それぞれの格式あり。土俵上、足袋、副草履または軍
　扇の紐の色取り、縮目熨斗目麻上下に至るまでも、肥後国熊本の司家吉田
　追風氏の許可を得るにあらざれば、協会といえど容易にこれを許可する能
　わざる例規なるが、この度行司式守伊之助は軍扇に紫紐を帯用せんとて裏
　面より協会へ申し出たりしに、協会においても紫紐房は木村庄之助といえ
　ども、房中に2、3の白糸を撚り混ぜ帯用することなれば、たとえ伊之助が
　精勤の功に依りて許すとするも、先ず行司全体より願い出たる上にて協議
　するのが至当ならんと、（後略）」

この新聞の日付を見れば、15代木村庄之助は明治30年1月に「准紫」を授与されたとするより「それ以前」にすでに授与されていたとするのが自然である。木村庄之助が長い間「紫」を使用していたので、式守伊之助もそろそろ「紫」を使用したくなったに違いない[37]。

　　　・『角力新報（3）』（M30.3）の「式守伊之助の紫房」
　　　「これまで角力行司にて紫房の紐つきたる軍配を持つことを許され居りしは木村庄之助一人なりしが、今回式守伊之助も積年の勤労に依り紫房を使用するを許され（著者注：春）興行7日目よりその軍配を用いたり」(p.50)

　この雑誌記事でも木村庄之助がいつ「准紫」を授与されたかはわからないが、30年以前から使用していたことは「これまで」という表現から推測できる[38]。明治30年代にはこの8代式守伊之助に「紫」が授与されたことを述べた新聞記事はいくつかあるが、15代木村庄之助の「准紫」を改めて授与したという記事はまったく見当たらない。このことは、15代木村庄之助が明治30年に「准紫」を授与されたとするのは疑わしいことを示唆している。さらに、8代式守伊之助の「紫」が「准紫」を意味しているなら、木村庄之助が30年に「准紫」を授与されたとするのはもっと疑わしくなる。なぜなら、式守伊之助が「紫」を許されたのは30年春場所7日目（2月17日）だからである。8代式守伊之助が15代木村庄之助より先に「准紫」を授与さ

---

37)　この式守伊之助は長い間「赤房」で甘んじていた。木村庄之助の家柄が上位だという意識が強かったのかも知れない。しかし、たとえ家柄が下位であっても、式守家の長として「紫」を使用したかったのではないか。これはあくまでも推測にしかすぎない。

38)　新聞記事や雑誌記事からは式守伊之助に授与された「紫」が木村庄之助の「准紫」と同じものなのか、それともその下位の「真紫白」だったのかははっきりしない。どれも「紫」となっているからである。8代式守伊之助は明治30年まで「赤」だった可能性が高いので、30年に授与された「紫」は、実際は「真紫白」だったと推定している。「真紫白」を経験せず、いきなり「准紫」を授与することはなかったはずだ。しかし、これはあくまでも推定であり、確かな根拠はない。

第1章　紫房の異種

れることはまずありえない。

　木村庄之助が明治30年に「准紫」を授与されなければ、それでは「いつ」授与されただろうか。これに関しては、本章では明確な答えを提示できなかった。その時期を特定しようと明治期の文献を丹念に調べてみたが、残念ながら、満足のいく記述を見つけられなかった。錦絵も調べてみたが、「准紫」であれ「真紫白」であれ、すべて「総紫」に描かれている。「准紫」と「真紫白」の区別はまったくできなかった[39]。

　これまで見てきたように、15代木村庄之助の「准紫」については明治30年に授与されたとする文献がいくつかあったが、それが何を根拠にそのように指摘したのかははっきりしない。その根拠がわかれば、それが信頼できるかどうかを吟味すればよい。しかし、残念なことに、これらの文献ではその根拠が提示されていない。吉田司家の資料を活用して著してある本もあるが、それが事実を正しく伝えていない。少なくともそう判断したくなる内容になっている。同時に、「明治31年」という文言を見る限り、文献すべてが同じ「明治31年」となっていて、孫引きしたのではないかという印象を受ける。このように、15代木村庄之助の「准紫」を巡ってはいくつか疑問がある。そのため本章では、残念ながら、いつ「准紫」が15代木村庄之助に許されたかを特定できなかった。

---

39)　錦絵では房色の「赤」と「紫」は容易に識別できる。したがって、時代の経過を反映するような錦絵を丹念に調べれば、「赤」から「真紫白」や「准紫」にいつ頃変わったかはある程度推測できる。ただ錦絵には同じ頃に描かれているにもかかわらず、「赤」と「紫」の場合もあるので、どれが真実かを錦絵だけでは判断できない場合もある。錦絵と文字資料を両方照合しながら、判断するのが賢明である。

4. 14代木村庄之助の紫

4.1 御請書

13代木村庄之助と15代木村庄之助の「紫」は文献でもよく指摘されているが、14代木村庄之助の「紫」となると、許されていなかったとするのが普通である。これは、たとえば、次の新聞記事でも見られる。

・『報知新聞』（M32.5.18）の「行司の紫房、司家より庄之助らに許可」
「〈行司紫房の古式〉 相撲行司の所持する紫房は、古よりより難しき式法のあるものにて、これまでこれを許可されしは、13代木村庄之助が肥後の司家吉田追より許可されしを初めとし、これより後本式の許可を得たる者なかりしに、先ごろ死去したる15代木村庄之助が、再びその許可を得たり。（後略）」

・『東京日日新聞』（M32.5.18）の「相撲行司の軍配」
「相撲行司の軍配は元来赤房が例なりしが、13代目木村庄之助のとき初めて肥後司家吉田追風のより紫白の免許を請け、熨斗目麻上下は8代目式守伊之助のとき初めて同家よりの免（しるし）を請けし次第にて、一昨年死去せし15代木村庄之助は同家より紫房の免（ゆる）しをうけ、梅ケ谷、西の海、小錦の三横綱を右の軍配にてひきしことあり。（後略）」

この2つの新聞記事によると、14代木村庄之助は「紫」を許可されていない。明治時代の新聞や本でもこの庄之助が「紫」を許されたとするものはない。この木村庄之助は本当に「紫」を許されていなかっただろうか。本節では、「紫白」を許されていたことを指摘し、その根拠を2つ提示する。

第1章　紫房の異種

・明治15年7月付の「御請書」

「御請書」（M15〈1882〉）によると[40]、吉田司家は14代木村庄之助に紫白の使用を認めている。協会が「御請書」を提出したとき、「紫」を非公式に許していたかどうかは定かでない。普通、協会が吉田司家に相談なく許可することはないはずだが、当時の時代的背景を考慮すれば、協会が独自に判断したとも考えられる。吉田司家の当主は当時「西南の役」に関わっていて、相撲のことに集中する余裕などなかったかもしれないからである。いずれにしても、文書の形で協会は吉田司家に「御請書」を提出している。そしてその中で当時の木村庄之助に「紫白打交紐」を許可したことに対し感謝している。この「紫白打交紐」が「准紫」なのか、「真紫白」なのかはわからない。当時の文献でこの木村庄之助の紫について何も言及していないことから、「真紫白」だった可能性が高い。

4.2　明治11年から15年頃の錦絵

　明治11年（1878）4月届け出の横綱境川土俵入りを描いた錦絵が2つあるが、木村庄之助の房色が違っている。一つは「紫」で、もう一つは「赤」である。どちらも絵師は国明である。

- ・画題なし、国明筆、明治11年4月届出、露払いは勢、太刀持ちは手柄山、木村庄之助は「赤」（個人所蔵）。
- ・画題なし、国明筆、明治11年4月届出、露払いは勢、太刀持ちは勝浦、木村庄之助は「紫」（個人所蔵）。

---

40)　この「御請書」は荒木著『相撲道と吉田司家』（pp.126-8）や吉田著『原点に還れ』（pp.34-6）で確認できる。木村庄之助は「紫白打交紐」となっている。明治15年には23世吉田追風が相撲協会や警視庁を訪問し、重要な文書をいくつか提出している。その中には「故実相伝又ハ免許スベキ条目」を含まれている。

25

どちらが真実なのかわからない。この錦絵の絵師は国明本人でないかもしれない。当時でも、立行司の房色には敏感だったはずなのに、なぜこのように房色が異なるのか不思議である。もっと他の資料を参照し、本当の房色が何色であったかは判断しなければならない。

　・「奠都三十年祭ノ図」、明治15年5月御届、国明画、楯山と梅ケ谷の取組、木村庄之助は赤。〔ビックフォード著『相撲と浮世絵の世界』(1994、pp.54-5)[41]〕。

　この錦絵では木村庄之助は赤で描かれている。国明が描いている錦絵では木村庄之助はほとんど「赤」になっている。赤と紫のうち、どちらが真実に近いかとなると、赤ということになる。
　錦絵や絵番付では木村庄之助は圧倒的に赤で描かれている。しかし、それは必ずしも正しくないかもしれない。なぜなら、明治15年7月の「御請書」があり、14代木村庄之助は契約が交わされた明治15年7月頃には紫房を使用していた可能性があるからである[42]。もし14代木村庄之助が明治15年7月の「御請書」以前にも「紫」を使用していたならば、それは協会だけの許可を受けたものかもしれない[43]。

---

41)　英語の書名は*Sumo and the Woodblock Print Masters*（by Lawrence Bickford）である。

42)　14代木村庄之助は明治14年1月に首席になっているので、その頃「紫白」を協会から許された可能性もある。首席だった6代式守伊之助は明治13年9月に亡くなっている。首席は紫白と決まっているわけではないので、14代木村庄之助はその頃でも「赤」だった可能性もある。

43)　その場合は、もちろん、吉田司家の「黙認」ということになる。協会が吉田司家に何の伝達もなく「紫」を許すということは考えられないからである。吉田司家は公式の許可書を出さなかっただけであると、本章では解釈している。

4.3 明治17年の天覧相撲の錦絵

　明治15年（1882）5月の絵番付（国明画）では「紫」で描かれている[44]。このような「紫」を描いた錦絵や絵図を見ると、14代木村庄之助はやはり15年5月頃までにはすでに「紫」を使用していたかもしれない。しかし、明治17年3月の天覧相撲を描いた錦絵でも、木村庄之助の房色を「赤」で描いている[45]。

① 明治17年の届け出で、西ノ梅と大鳴門の取組を描いた錦絵（個人所蔵）では14代木村庄之助は「赤」である。絵師は国明、発行人は松木平吉である。届け出が何月かは不明だが、天覧相撲の後に描かれたようだ。

② 明治17年3月の「天覧角觝之図」（明治18年5月届け出）、国明画、松本平吉出版人、剣山と大達の取組、式守伊之助は赤である。〔『相撲百年の歴史』（p.18）〕。

　　この取組を実際に裁いたのは、他の資料などからわかるように、14代木村庄之助である。式守伊之助は天覧相撲を欠場している（すでに死去）」。錦絵の式守伊之助は木村庄之助の間違いである。なぜ行司名を間違えたかはわからない。この錦絵は明治17年3月の天覧相撲を描いたものではないのかもしれない[46]。全体の状景や構図などがあまりにも違いすぎる。

③ 明治17年5月届、「御濱延遼館於テ天覧角觝之図」（相撲博物館所蔵）、

――――――――――――

44) 明治15年5月の絵番付は学研発行『大相撲』（p.132）に掲載されている。房色はやや不鮮明だが、「赤」でないことは確かである。明治13年5月の絵番付では木村庄之助は「赤」で描かれているので、その当時はやはり「赤」だったようだ。明治14年の絵番付はまだ確認していない。

45) 14代木村庄之助は「従是取組」（これより三役の取組）で3番裁いている。天覧相撲の横綱梅ケ谷土俵入りは、木村庄三郎が赤房で引いている。

国明画、山本与市出版人。梅ケ谷と大達の取組。木村庄之助は赤である。

このように房色が赤や紫の両方が混在していることから、錦絵ではどれが真実を反映しているのか判断できない。本章では、明治15年7月付の「御請書」が真実であると判断している。この「御請書」は信頼できる文字資料だからである[47]。錦絵で「紫」を描かなかったのは、たまたまその「紫」に気づいていなかったかもしれない[48]。

この天覧相撲の錦絵で木村庄之助は常に赤だけで描かれているわけではない。紫で描かれたものもある[49]。

④「勇力御代之栄」(国明画、個人所蔵／相撲博物館所蔵)[50]、梅ケ谷と楯山の取組、木村庄之助は紫。

絵師の国明が確かに錦絵を描いてあるなら、木村庄之助の房色を間違うことはないはずだ。14代木村庄之助が天覧相撲で赤だったなら、御請書は効力のない文書だったことになる。また、紫だったなら、絵師の国明は真実を

---

46) まだ確認してないが、貴族の私邸で行われた天覧相撲の一コマかもしれない。そうであれば、行司名は式守伊之助でよい。8代伊之助なら、明治30年1月に紫を許されている。それまでは赤だった。いずれにしても、木村庄之助は「紫」で描かれている。

47) 本章では「御請書」を信頼できる貴重な文字資料として扱っているが、明治時代の相撲関係の本はその存在についてまったく言及していない。当時の相撲協会と吉田司家との契約を文書化したものなので、それに基づいて房色は決まったはずである。

48) 明治20年までは文字資料は非常に少ないので、錦絵に頼らざるを得ない。錦絵には同じ時期に描かれていても房色が違っていることがあるので、真実を見極めるには慎重な判断が必要である。

49) 同じ天覧相撲の「楯山と梅ケ谷の取組」を描いた錦絵「天覧相撲取組之図」(豊宣画、明治17年4月届出)があり、木村庄之助は赤で描かれている〔堺市博物館編『相撲の歴史』(p.76)〕。

描いていないことになる。楯山は明治15年6月に若嶋から改名し、明治17年5月に引退している。その間の木村庄之助は14代である。

5. 8代式守伊之助の紫

5.1 明治30年の紫

8代式守伊之助は明治30年（1897）春場所7日目（2月17日）に「紫」を許されている[51]。

- 『角力新報（3）』（M30.3）の「（著者注：8代）式守伊之助の紫房」
  「これまで角力行司にて紫房の紐つきたる軍配を持つことを許され居りしは木村庄之助一人なりしが、今回式守伊之助（8代）も積年の勤労に依り紫房を使用するを許され興行7日目よりその軍配を用いたり」（p.50）

- 『読売新聞』（M30.5.9）の「獅子王の軍扇」

---

50) この錦絵「勇力御代之栄」には日付の記載が「明治十　年　月　日御届」とあり、必ずしも17年3月の天覧相撲ではないかもしれない。この錦絵は明治14年5月9日に島津候別邸で行われた天覧相撲を描いた錦絵「豊歳御代之栄」（安次画）と酷似している。これは酒井著『日本相撲史』（p.57）でも掲載されている（カラーの錦絵は相撲博物館所蔵で確認した）。梅ケ谷と若嶋（のちに楯山に改名）の取組を描いたものだが、絵師は異なる。木村庄之助はやはり紫である。いずれにしても、明治18年以前に描かれているなら、14代木村庄之助である。15代木村庄之助は20年頃に紫になっている。それ以前は赤である。

51) 紫の使用は1月でなく、5月だとする新聞記事もいくつかある。たとえば、『都新聞』（M30.9.25）の「木村庄之助死す」や『大阪朝日新聞』（M30.12.21）の「式守伊之助死す」などでは、5月となっている。本場所初日から使用したのは5月だが、1月場所では途中（7日目）で許されている。

「式守伊之助は伊勢の海五太夫と旧来の因みあり、かつ多年の勤功にて本年
1月軍扇に紫紐を用いることを許されたるをもって旧の如く師子王の軍扇
を携えたしと伊勢の海に請求し、横綱方屋入りを引くときのみ携帯するを
許されたりとぞ」

　この「紫」は「准紫」なのか、それとも「紫白」なのか、はっきりしない
が、どうやら「紫白」だったようだ。

・『読売新聞』（M30. 2. 10）の「式守伊之助と紫紐の帯用」
「東京相撲行司は古来それぞれの格式あり。土俵上、足袋、副草履または軍
扇の紐の色取り、縮目熨斗目麻上下に至るまでも、肥後国熊本の司家吉田
追風氏の許可を得るにあらざれば、協会といえど容易にこれを許可する能
わざる例規なるが、この度行司式守伊之助は軍扇に紫紐を帯用せんとて裏
面より協会へ申し出たりしに、協会においても紫紐房は木村庄之助（著者
注：15代）といえども、房中に2、3の白糸を撚り混ぜ帯用することなれ
ば、たとえ伊之助が精勤の功に依りて許すとするも、先ず行司全体より願
い出たる上にて協議するのが至当ならんと、協会員中1、2の意見を伊之助
に示したるとかにて、同人もなる程とて、この程仲間に対してその賛成を
求めしかば、庄之助、誠道、瀬平以下大いに内談を凝らしたる末、伊之助
が出世に対し、故障を唱えるにはあらざるも、式守家が紫紐を用いたる先
例は今より三代前の伊之助が特許されしより外さらになく、この時の如き
も当時東に雲龍久吉という横綱ありたりしに、また西より不知火光右衛門
現れ、東西横綱なりしため、東は庄之助（著者注：13代）これを引き、西
は式守伊之助が引くという場合よりして、伊之助が紫紐帯用の許可を受け
たるものなれば、今後誠道、瀬平、その他誰にもあれ、庄之助の名を継続
したる場合には伊之助の上に立ちて、紫紐縮め熨斗目麻上下着用するに差
し支えなくば、賛成すべしとの挨拶ありければ、伊之助の紫紐帯用は目下
沙汰やみの姿なりという」

この記事では式守伊之助に紫房を許すかどうかが話題になっているが、それから8日ほどのちの新聞記事を見ると、結果的に式守伊之助は紫房を明治30年2月17日（春場所7日目）に許されている。吉田司家もそれを了承したに違いない。これは、たとえば『読売新聞』や『東京朝日新聞』（ともに明治30年2月18日）などでも確認できる。この式守伊之助の紫が15代木村庄之助と同じ准紫なのか、それとも紫白なのか、必ずしも明白でない。当時、式守伊之助は木村庄之助より下位としてみなされていたため、協会だけでなく、行司の間でも問題になったようだ。おそらく、この式守伊之助は准紫を許されていないはずだ。つまり、許されたのは紫白である。

8代式守伊之助は15代木村庄之助と年齢では4歳しか違わないが、15代木村庄之助には30年以前に「准紫」を許されているのに、8代式守伊之助にはそれを許すかどうかで話し合われている。その問題の一つは、おそらく、家柄の「差」である。

ときどき、「紫」は木村庄之助と式守伊之助に許されるという文献を見るが、これは必ずしも事実を反映していない。というのは、「同じ」紫ではないからである。

　・綾川編『一味清風』（T3.10）
　　「紫房　これは吉田家特許の立行司で力士の横綱格であるから、（中略）紫
　　房は木村家に一人、式守家に一人の人物とせられている。紫房の立行司の
　　中でも吉田家から真に免許を得ないものは団扇の房に白糸を混ぜて使用す
　　るので、真の紫房は滅多にない。」（p.195）

「准紫」と「紫白」を一括りにして「紫」という場合、木村庄之助と式守伊之助は確かに同じ「紫」だが、厳密には、2つの異種があった。

5.2　木村家と式守家

吉田司家は「紫」を許すとき、「紫白打交紐」という表現を使用していた

が、それは白糸が混じった「紫」を意味していたに違いない。最初は「紫白」を許し、後に「准紫」を許すこともあった。この「准紫」は必ずしも木村庄之助だけに限定していなかったかもしれないが、時の経過の中でいつの間にか木村庄之助に限定されるようになったのかもしれない。明治初期には「准紫」が式守伊之助にも許されたかもしれない。これはあくまでも推測であるが、13代木村庄之助が「准紫」だったなら、6代式守伊之助も同じ「准紫」を臨時に許されたかもしれない[52]。

吉田追風も新聞記事で木村家が式守家より上位であることを認めている。

・『東京朝日新聞』(M41.5.19) の「行司木村家と式守家」
「現代の行司にして古実門弟たるは木村庄之助と式守伊之助となり。両人の位は庄之助が年長たると同時にその家柄が上なるを以て、先ず庄之助を以て上位とせざる可からず。軍扇に紫白の打交ぜの紐を付するはその資格ある験なり」

これには「紫」はなく、「紫白打交紐」とあるが、免許状でも一貫して「紫白打交紐」を使用している。木村庄之助が上位であることを認めているが、それがそのまま房色に反映していたかどうかは必ずしもはっきりしない[53]。これも時代とともに変化した可能性がある。明治30年頃まではおそ

---

52) 13代木村庄之助が「准紫」を許されたとする確証はない。「紫」が許されたとする文献や錦絵などはあるが、その「紫」が「准紫」だったという裏付けはまだ得られない。6代式守伊之助も横綱土俵入りを引くために臨時に「紫」を許されたとあるが、それが「准紫」だったのか「紫白」だったのかは判然としない。6代伊之助はずっと「紫」を使用してわけではない。たとえば、学研『大相撲』(pp.142-3) の錦絵「境川横綱土俵入り」(明治11年4月、国明筆) では、6代伊之助は赤である。

53) 伝統的に木村庄之助が式守伊之助より上位だが、6代式守伊之助が明治10年1月から13年5月まで首席だったことがある。6代式守伊之助は明治13年9月に亡くなっている。式守伊之助が首席になったのは、この6代式守伊之助だけである。14代木村庄之助が首席になったのは明治14年1月である。木村庄之助が常に首席であることを文書化したのは、明治43年5月以降だったかもしれない。

らく「紫白」を最初に許し、その後で「准紫」を許すという手順を踏んでいたようだ。立行司は頻繁に変わったわけでないので、「准紫」を許されたのがたまたま木村庄之助になっていたのかもしれない。明治37年（1904）頃でも、最初は「紫白」を許している。

　　・『都新聞』（M37.5.29）の「紫白の房と上草履」
　　　「行司式守伊之助は昨日より紫白混じり房、同木村庄三郎は土俵の上草履使
　　　用、いずれも協会より免されたり」

　この「紫白混じり房」は免許状の決まり文句かもしれないが、明治37年頃には実際の房色をそのまま表現するようになっていたかもしれない。いずれ「准紫」になる可能性もあったが、時代はそれを許さなかった。上位の木村庄之助が「総紫」、下位の式守伊之助が「紫白」となったからである。「紫」は木村家と式守家に一人ということはなく、立行司にふさわしい行司なら、それを許すようになった。9代式守伊之助の次に「紫白」を許されたのは、木村庄三郎である。木村庄三郎には、明治38年5月、「紫白」が許されている[54]。

6.　階級色としての総紫と紫白

　明治41年（1908）の『東京朝日新聞』の「行司木村家と式守家」（M41.5.19）で「紫白打交紐」という表現を用いているように、少なくとも明治41年頃にはまだ「総紫」は使われていなかったはずだ。それまでは、「准紫」

---

54)　これと矛盾する錦絵がある。明治34年2月1日印刷の錦絵「大相撲取組之図」（版元
　　松木平吉、玉波画、国見山と荒岩の取組）では木村庄三郎が草履を履き、紫で描か
　　れている。なぜ木村庄三郎がこのように描かれているか定かでない。因みに、錦絵
　　「（大砲）横綱土俵入之図」（玉波画、露払い・大戸崎、太刀持ち・太刀山、発行者・
　　松本平吉、明治38年5月発行）では紫で描かれている。この錦絵の房色「紫」が正
　　しい。

か「紫白」だった。「総紫」はおそらく明治42年6月の国技館開館後に使用し始めたのではないだろうか。行司装束の改正が話題になった頃に決まった可能性はある。明治43年の新聞記事ではすでに新しい階級色を報じている新聞記事がある。

　　・『読売新聞』（M43.2.9）の「角界雑俎」
　　　「鎧下の紐の色を軍配の房の色と同じように、紫は立行司、緋は緋房行司、
　　　白と緋混交（著者注：紅白）は本足袋行司、萌黄に白の混交は格足袋行司
　　　というようことにして段を分けている」

　この記事では5月場所から袴を全廃することを述べているが、その時点では階級としての房色は決まっていたはずだ。立行司は木村庄之助であれ、式守伊之助であれ、「紫」となっている。しかし、これは、実際は、「紫白」と「総紫」を一括りにした表現である。木村庄之助と式守伊之助の軍配房色は違っていたからである。

　　・『都新聞』（M43.4.29）の「庄之助の跡目」
　　　「現在、庄之助・伊之助の格式を論ずれば、団扇の下紐において差異あり。
　　　庄之助は紫、伊之助は紫白打交にて庄三郎と同様なりと」

　この記事でわかるように、庄之助は「紫」、伊之助は「紫白」である[55]。

───────────────────

55）　『時事新報』（M44.6.10）の「相撲風俗(8) ― 行司」の記事に「大関格は紫白、横
　　綱格は紫」とある。そして進は紫白、庄之助と伊之助は紫房となっているが、この
　　「紫白」が『都新聞』（M43.4.29）の「庄之助の跡目」の伊之助や庄三郎の「紫白」
　　と同じかどうかは吟味しなければならない。庄之助と伊之助の「紫」に区別があっ
　　たので、進の「紫白」が伊之助の「紫白」と同じでないことがわかる。おそらく、
　　進の紫白は白糸の割合が多い「半々紫白」ではなかっただろうか。つまり、准立行
　　司としての扱いである。これについては拙著『大相撲行司の房色と賞罰』の第3章
　　でも少し触れている。

第1章　紫房の異種

庄之助の「紫」が「総紫」であることは述べられていないが、「紫白」と区別されていることから「総紫」を指しているに違いない[56]。式守伊之助の「紫白」では紫糸と白糸の割合はわからないが、白糸が数十本混じったものだったに違いない。一見して、白糸が混じっていたことがわかったはずだ。それはおそらく従来の「真紫白」とほとんど同じだったはずだ。この「紫白」が明治37年5月に式守伊之助に、また明治38年5月に木村庄三郎にそれぞれ許されている[57]。

　木村庄之助は「総紫」、式守伊之助は「紫白」とそれぞれ区別されていたが、やはり両方を一括りにして「紫」と表現するのはその後も続いている。行司装束改正を報じている新聞記事ではすべて、立行司は「紫」となっている。その一つを示す。

　　・『読売新聞』（M43.5.31）の「直垂姿の行司」
　　　「露紐、菊綴は軍配の房の色と同じく階級に従い、紫、緋、紅白、青白に分
　　　かれ、（中略）　以前は立行司だけが小刀を帯したが、今度は足袋以上は鎧
　　　通しは左前半に帯することになる」

　これは大正時代の『夏場所相撲号』（大正15年5月号）の「行司さん物語―紫房を許されるまで」（pp.102-5）にも見られる[58]。

---

56)　吉田司家の行司免許状では「紫白打交紐」がずっと使われていたが、これ以降それは使われなくなったはずだ。「総紫」には白糸が混じっていないからである。「紫白」は「総紫」と対比する房色になっている。

57)　9代伊之助と6代庄三郎が同じ「紫白」だったことから、明治43年5月までは伊之助と第三席行司の房色は区別していなかったかもしれない。明治44年2月に木村進は「紫白」を許されたが、それはおそらく式守伊之助の「真紫白」と異なっていたはずだ。進の房色は「半々紫白」である。式守伊之助の「真紫白」と木村進の「半々紫白」は明治43年以降に区別されていることになる。もし明治43年にも「半々紫白」があったなら、その適用基準は異なっていたはずだ。

7. 今後の課題

　本章では、状況証拠に基づいて「真紫白」から「准紫」にいつ変わったか
を調べたが、結局、明快な答えを提示できなかった。14代から16代の木村
庄之助、6代木村瀬平、それから8代式守伊之助について、個々に答えを見
つける努力をしたが、結果的に問題提起だけに終わってしまった。その主な
原因は、おそらく、明治43年以前は、「真紫白」と「准紫」をあまり厳密に
区別することなく、一括りに「紫」と分類していたからであろう。それに、
吉田追風の行司免許状における「紫白打交紐」が「真紫白」なのか「准紫」
なのかも自明ではなかった。「准紫」を最初から授与されていたのか、それ
とも最初は「真紫白」、後に「准紫」を許されたのか必ずしも明白でない。
今後はこれらの問題を再吟味する必要がある。
　本章と関連する問題点をここに指摘しておきたい。

(1) 吉田司家が出している行司免許に「紫白打交紐」とあるが、それは
　　「真紫白」だけを意味するのか。それとも「准紫」も含むのか。「真紫
　　白」の場合、紫糸と白糸の割合はどうなっているか。
(2) 本章では「准紫」は「紫白」を最初に許され、後に「准紫」を改めて
　　許されたという二回説に従っているが、それは事実を正しく反映して
　　いるだろうか。もしそれが最初から「准紫」を許されていたという一
　　回説に従うと、新聞記事や本の記述と矛盾する。それをどのように解
　　決すればよいのか。
(3) 16代木村庄之助と6代木村瀬平の「准紫」はいつ許されたか。

---

58)　立行司の木村庄之助と式守伊之助は一括りにして「紫」となっているが、准立行司
　　は「紫白」となっている。これはおそらく「半々紫白」として立行司の「紫」と区
　　別されていたに違いない。

第1章　紫房の異種

(4) 15代木村庄之助は明治31年に「准紫」を許されたとする文献がいくつかあるが、それを支持する根拠にはどんなものがあるか。

(5) 明治15年7月の「御請書」によれば、14代木村庄之助は「紫白」を許されているが、その「紫白」を使用していないだろうか。14代木村庄之助は吉田司家の許可を受ける前にすでに「真紫白」あるいは「半々紫白」を使用していなかっただろうか。

(6) 本章ではほとんど触れなかったが、13代木村庄之助は「准紫」を許されていないだろうか。「真紫白」のみを許されていたのだろうか。もし「准紫」を許されていたなら、それはいつ許されたのだろうか。

(7) 本章では「総紫」は明治42年ないし明治43年以降に許されたとしているが、それは正しいだろうか。16代木村庄之助はそれまでの「准紫」から「総紫」に変わったはずだが、改めて房色を変更する免許が授与されたのだろうか。それとも別の方法で変更したのだろうか。

(8) 9代式守伊之助は明治37年5月、6代木村庄三郎は明治38年5月、それぞれ「紫白打交紐」を許されているが、それは「真紫白」と同じだろうか。つまり、現在の式守伊之助の「紫白」と同じだろうか、それとも異なるだろうか。

(9) 本章では9代式守伊之助と6代木村庄三郎は同じ「紫白」として扱っているが、本当に同じだったのだろうか。6代木村庄三郎は第三席の立行司である。木村庄之助と式守伊之助の房色が違っていたならば、式守伊之助と木村庄三郎の房色にも違いがあったかもしれない。

このように、具体的な問題をいくつか列挙したが、もちろん、もっと追加することもできよう。これらの問題のいくつかは本章で解決しようとしたが、力及ばず問題提起だけに終わってしまったものもある。これら未解決の問題がいつか解決されることを期待している。

8.【追記】 15代木村庄之助の准紫

　本章を書き終えた後で明治時代の新聞を読み直しているとき、15代木村庄之助の房色に関する記事をたまたま目にした[59]。それは、次のような記事である。

・『読売新聞』（M25.6.8）の「西の海の横綱と木村庄之助の紫紐」
　「木村庄之助は代々家柄に依り軍扇に紫紐を用いるといえども（但し白2、3本打交ぜありという）、熊本興行中は司家に対し相憚り紫白打交ぜの紐を用いたりしもこの日（著者注：4月7日）西の海の位に伴われ横綱方屋入り（著者注：土俵入り）を曳きゆる行司なればとて、当日限り紫紐の允許あり。続いて同興行中は苦しからずとの特許ありたるため自然黙許のごとくなりたるが、今回の両国大場所も同じく紫紐を用いる由（後略）」

　この記事の内容を考慮すると、本章で述べたもののいくつかは修正しなければならない。現段階で本章を書き換えることは大変な作業になるので、新しい見方をいくつか指摘しておきたい。

（1）15代庄之助は明治25年（1892）以前も「准紫」を使用していた。いつからその准紫を使用していたかは定かでないが、使用していたことは確かである。どうやら免許による許しではなく、いわゆる黙許であ

59）　原稿を書き終えた後でたまたま見つかった貴重な資料として、『読売新聞』（M25.6.8）の「西の海の横綱と木村庄之助の紫紐」だけでなく、塩入編『相撲秘鑑』（M19）などがあった。『相撲秘鑑』は所蔵していてたびたび読んでいたが、肝心な箇所に気づいていなかった。歴史的なものを扱っているとき、もっと古い資料が見つかると、従来の考えを修正しなければならない場合がある。今回もそういう事態になってしまった。そのため、「追加」として末尾に加えてある。

る。司家は免許状の形で「紫白打交紐」を許すこともあれば、そうで
ない場合もあったようだ。司家の免許状がない場合でも、協会は司家
の許可を内々に受けていたはずだ。当時の司家の権威を考慮すれば、
協会が司家の許可なく、無断で紫房を許すことはなかったはずである。

(2) 15代庄之助は「准紫」を使用しているにもかかわらず、熊本興行中
は司家に遠慮し「紫白」の紐を使用していた。これは正式な免許状の
形で「准紫」の使用を許されていないことを示唆している。興味深い
ことに、巡業地によっては房の色を変えて「紫白」も使用している。
これは珍しい房色の使い分けである。地方巡業では本場所より一段上
の房色を使うことはあるが、本場所でも格上の「准紫」を使用したの
は珍しいことである。

(3) 横綱西の海の土俵入りを引くことになったため、司家は15代庄之助
の「准紫」を黙認している。これは一種の「黙許」であるが、他の文
献ではときどき「允許」と表してあることもある。15代庄之助の「准
紫」もそれまで黙許である。

(4) 15代庄之助が明治20年（1887）頃から使用し始めた「紫」は、最初
は「紫白」だったに違いない。25年の熊本興行まで「准紫」を使用
していたとあるので、20年から25年の間でその「准紫」を使用して
いる。しかも、それは正式な免許で授与されたのではない。要する
に、15代庄之助は最初から「准紫」の使用を許されていたわけでは
ない。もし最初から「准紫」を許されていたなら、熊本興行であって
もわざわざ「紫白」に変える必要などない。

(5) 15代庄之助は熊本興行以降、本場所でも「准紫」を使用しているが、
やはり「黙許」によるものである。すなわち、司家の正式の免許状に
よるものではない。他の文献によると、15代庄之助は「准紫」を初
めて許された立行司となっている。その准紫がいつ授与されたかは定
かでないが、明治25年5月本場所から明治29年5月場所のあいだであ
ることは確かだ[60]。ちなみに、明治30年1月場所7日目に8代式守伊
之助に紫房の使用が許されているが、それ以前に15代庄之助は「准

紫」を授与されていたはずだ〔たとえば『読売新聞』（M30.12.16）や相撲雑誌『角力新報（3）』（M30.3）など〕。その具体的な年月は、今のところ、わからない。

(6) 新聞記事に基づけば、代々の庄之助は「准紫」を使用している。これが正しければ、本章で述べてきた「二回説」は間違っていることになる。しかし、これは正しくない。たとえば、9代と13代庄之助はずっと「紫白」だった。この2人は「准紫」を許されていない。

紫白と准紫の関連で言えば、少なくとも次のことを検討する必要がある。

(1) 15代庄之助は横綱土俵入りを引く前の熊本興行中も「紫白」を使用している。この紫白がこの庄之助に許された本来の房色ではなかったのだろうか。つまり、最初は「紫白」だったのではないだろうか。最初から「准紫」でなく、後にその房色の房を使用したのであれば、正式な免許状の「紫白打交紐」は「准紫」ではなく、「紫白」だったことになる。そうなると、代々の木村庄之助の房色が「准紫」だったとする新聞記事は必ずしも正しくない。

(2) 9代と13代庄之助は最初から「紫白」を許されている。また、15代庄之助も最初は「紫白」を許され、後に「准紫」を使用している。これが正しければ、江戸時代には「准紫」はなかったことになる。それは正しい指摘だろうか。

(3) 15代庄之助は明治25年（1892）5月当時「准紫」である。しかし、それは司家から正式に授与された房色ではない。いわゆる「黙許」による「准紫」である。15代庄之助はいつ正式にその「准紫」を許され

---

60) 15代木村庄之助が明治25年以前にも准紫を使用しているならば、それは西の海が横綱になった明治23年3月以後ではないかと推測できる。しかし、今のところ、それを裏づける証拠が見当たらない。准紫をいつから使用したかは定かでないが、その房色は司家の正式な免許によるものではない。

40

たのだろうか。他の文献では明治31年に初めて15代庄之助に授与された とあるが、それは正しいだろうか。15代庄之助は明治30年9月に亡くなっているので、「明治31年」を「明治30年」に訂正したとしても、明治30年に「准紫」を正式に許されたのだろうか。

(4) 8代伊之助は明治30年1月場所7日目に「紫房」を授与されている。その房色は「准紫」だったのだろうか、それとも格下の「紫白」だったのだろうか。すなわち、当時、15代庄之助が「准紫」だったことから、8代庄之助にも同じ「准紫」が授与されたのだろうか。本章では、最初に「紫白」が許されるという立場なので、それは格下の「紫白」だったと解釈している。それは正しい解釈だろうか。ちなみに、江戸末期に6代伊之助も「紫」を臨時に許されているが、それは「紫白」だったに違いない。13代伊之助も「紫白」だったからである。

(5) 16代庄之助は明治31年1月場所から「紫」を許されている。その紫は前年の12月に許されている〔たとえば『読売新聞』(M30.12.26) の「16代目木村庄之助の免許」〕。正式な免許状の「紫白打交紐」は「准紫」だっただろうか、それとも格下の「紫白」だっただろうか。本章では「紫白」だったと解釈しているが、それは正しいだろうか。

(6) 『読売新聞』(M31.6.1) の「相撲だより」によると、16代庄之助は紫房、6代瀬平と9代伊之助は紫白房をそれぞれ請願している。16代庄之助が請願した紫房は1月場所から使用していた房色と同じものだったのだろうか、それとも異なるものだったのだろうか。この請願はすでに使用していた紫房の再確認にすぎないのだろうか、それともこれから使用したい「准紫」の請願なのだろうか。本章では、これから使用したい「准紫」を請願したものだと解釈しているが、それは正しいだろうか。

(7) 6代瀬平は明治32年3月に紫房を授与されている〔たとえば『読売新聞』(M32.3.16) の「木村瀬平、紫房を免許せらる」〕。この紫房は「准紫」だろうか、それとも「紫白」だろうか。本章では「紫白」だと解釈しているが、それは正しいだろうか。

(8)『相撲大観』（M35. p.300）によると、6代瀬平は明治35年当時、16代
　　庄之助と同様に、「准紫」を使用している。瀬平が明治32年5月に
　　「紫白」だったなら、いつその「准紫」を許されたのだろうか。本章
　　では明治34年4月に司家より正式に許されたと解釈しているが、それ
　　は正しいだろうか。明治32年5月から明治34年4月のあいだに瀬平が
　　准紫を使用していたとしても、それは黙許だったに違いない。正式な
　　授与は明治34年4月である。これは正しい見方だろうか。

(9)15代庄之助は最初「紫白」を許されていたが、明治25年以前でも「准
　　紫」を使用している。それは黙許だった。すなわち、最初は「紫白」、
　　後に「准紫」の順序である。本章では、16代庄之助と6代瀬平も同じ
　　順序だったと解釈している。すなわち、二回説の立場である。これは
　　正しい見方だろうか。

　このように、15代庄之助はもちろん、16代庄之助や6代瀬平の「准紫」を
めぐっては解決しなければならない問題点がいくつかある。本章では、初め
は紫白、後に准紫を許されたとする二回説の立場をとってきた。つまり、16
代庄之助と6代庄之助が「准紫」を許された明治30年代までは、この二回説
が妥当であるという解釈である。しかし、これが正しい見方かどうかは検討
しなければならない。

第2章　准立行司と半々紫白

1. 目的

　行司の階級と房色が一致するようになったのは、明治43年（1910）5月の行司装束改正時である。明治42年6月の国技館開館後からすでに階級と房色が一致することを記述した新聞記事は見られるが、公式に報じられたのは明治43年5月である。当時の新聞では、その新しい装束が写真入りで報道されている。房色に関する限り、立行司はすべて「紫」として記述されている。もちろん、厳密には、その「紫」には2つの異種があった。一つは「総紫」であり、もう一つは「真紫白」である[1]。

　本章で論じるのは、明治43年5月以降の立行司で、木村庄之助と式守伊之助に次ぐ第三席立行司の房色である。この房色は「半々紫白」であると主張する。明治43年5月以前の立行司の房色ついては論じない。本章では、説明の便宜上、木村庄之助と式守伊之助に次ぐ第三席の立行司を「准立行司」と呼ぶことにする。したがって、明治末期の6代木村庄三郎や昭和2年（1927）春場所の10代木村玉之助は「真の立行司」だが[2]、やはり「准立行司」として分類する[3]。

---

1)　房色の細分化に関しては、たとえば拙著『大相撲行司の房色と賞罰』（H28）の第3章「明治の立行司の房色」でも詳しく述べている。紫白房に関する限り、紫糸と白糸の割合は厳密でない。

2)　行司の歴代数は『大相撲人物大事典』（ベースボール・マガジン社、H13）の「行司代々」（pp.685-706）に基づいている。

本章では、主として、次の4点を論じる。

(1) 准立行司の房色は式守伊之助の房色と違い、「半々紫白」である。この房色が最初に許されたのは、明治44年2月の木村進である。この「半々紫白」は、大正時代はもちろん、昭和時代にも使われていた。それが廃止されたのは、昭和35年（1960）1月である。そのとき、副立行司が廃止されている。

(2) 立行司の式守伊之助と准立行司はともに「紫白」として表されることが多いが、実際は白糸の割合に差があった[4]。式守伊之助は「真紫白」であるのに対し、准立行司は「半々紫白」だった[5]。

(3) 大正時代は第三席の行司は「准立行司」として扱われている。その立行司を例示し、房色は「半々紫白」だったことを間接資料で確認する。実際、大正時代の准立行司の房色が「半々紫白」だったことをズバリ指摘してある文献はない[6]。

(4) 20代木村庄之助（6代式守与太夫、松翁）によると、式守伊之助は以前

---

3) 明治末期の6代木村庄三郎は当時の式守伊之助同様「真の」立行司で、房色はともに「真紫白」だった。また、昭和2年春場所の木村玉之助もやはり「真の」立行司だった。規定上は式守伊之助同様に「紫白」だったが、厳密には房色で「差」があり、それは「半々紫白」だった。木村庄三郎と木村玉之助は同じ第三席であっても、房色は異なっていたことになる。木村庄三郎は「准立行司」の例外である。

4) 准立行司は立行司格、「副立行司」、「副立行司格」とも呼ばれている。木村庄之助と式守伊之助以外の立行司で、地位は基本的に立行司より下位である。

5) 紫糸と白糸の割合は必ずしもはっきりしない。厳密な割合は不明だが、昭和2年（1927）以降の木村玉之助や昭和26年以降の副立行司が半々紫白だったことから、それに近似するものだったに違いないと推測している。明治時代の式守伊之助や木村庄三郎の「真紫白」でも紫糸と白糸の割合は必ずしも明確ではない。しいて言えば、式守伊之助の「真紫白」は木村庄之助の「総紫」と准立行司の「半々紫白」の中間である。

6) 大正時代の新聞、雑誌、本などでは准立行司の房色は式守伊之助と同様に「紫白」として記述されていることが多い。そういう事情から、本当に区別があったのかどうかさえ疑わしくなるかもしれない。

第2章　准立行司と半々紫白

「半々紫白」だったが、いつの間にか「真紫白」になったという。式
守伊之助が「半々紫白」をいつまで使用していたかは不明だが、少な
くとも明治43年5月以降、そのようなことはない。なぜなら明治44
年2月以降、准立行司の房色は「半々紫白」だったからである。

　本章では、木村庄之助の「総紫」についてはほとんど論じない。これは行
司装束改正の頃から「総紫」だったからである。それ以前は、もちろん、白
糸がわずかばかり混じった「准紫」だった。本章では、式守伊之助の「真紫
白」と准立行司の「半々紫白」がポイントになる。

2.　木村庄三郎の房色

　新しい行司装束が実施された明治43年（1910）5月当時、立行司は3人い
たが、その房色は次のとおりであった[7]。

　(1)　木村庄之助は「総紫」である。
　(2)　式守伊之助と木村庄三郎はともに「真紫白」である。

　木村庄三郎は第三の立行司であるが、房色は式守伊之助と同じだった。そ
れは次の記事で確認できる。

　・『都新聞』（M43.4.29）の「庄之助の跡目」

---

7)　当時の新聞や本では、立行司の房色は「紫」として記述されていることが多い。それ
　　は厳密な区別をしない場合の慣行に従っているからである。明治43年5月以前は、木
　　村庄之助の房色も「総紫」ではなく、「准紫」だったが、やなり「紫」として記述さ
　　れている。同様に、式守伊之助も白糸が数本混じった「紫白」だったが、やはり「紫」
　　として記述されている。明治43年以前、紫糸と白糸が半々ぐらい混じった「紫」が
　　あったかどうかは不明である。

45

「現在、庄之助と伊之助の格式を論ずれば、団扇の下紐において差異あり。庄之助は紫、伊之助は紫白打交ぜにて庄三郎と同様なりと」

木村庄三郎は式守伊之助の次席だが、房色は「真紫白」である。このことから、明治43年5月当時、式守伊之助と次席の木村庄三郎は房色で区別されていないことがわかる。つまり、房色に関する限り、木村庄三郎は式守伊之助と同じであり、「准立行司」でなかったことになる。木村庄之助と式守伊之助に次ぐ第三席の立行司を「准立行司」として、その房色を「半々紫白」とするのは、明治44年5月以降である。その最初の行司が、木村進である。

明治43年5月以前、木村瀬平は立行司であったが、その房色は木村庄之助と同じ「准紫」だった。つまり、白糸が1、2本混じったものだった。式守伊之助は第三席だったが、やはり立行司だった。しかし、房色は「真紫白」だった。したがって、明治43年5月以前は、第三席の行司を必ずしも「准立行司」として扱うことはできない。

式守伊之助にしても、また木村庄三郎にしても、その房色が「真紫白」になったのは、明治43年5月ではない。式守伊之助は明治37年5月に紫白を許されている。

・『都新聞』（M37.5.29）の「紫白の房と上草履」[8]
「行司式守伊之助は昨日より紫白混じり房、同木村庄三郎は土俵の上草履使用、いずれも協会より免されたり」

木村庄三郎はそれより1年遅れて明治38年5月である。

---

8) この記事の「紫白」は9代式守伊之助と同じ房色で、「真紫白」である。もし木村庄三郎の房色が実際は「半々紫白」だったならば、1年前（M37.5）に許された9代式守伊之助の「紫白」との一貫性が維持されていないことになる。当時は、式守伊之助といえども、必ずしも第二席とは決まっていなかった。事実、木村瀬平が第二席で、その房色は上位の木村庄之助同様、「准紫」だった。

・『時事新報』の「真立行司木村庄三郎」（M38.5.15）

「この度相撲司吉田追風より麻上下を許されて遂に立行司とはなりたるなり」

　この記事では房色に何も触れていないが、先に示した『都新聞』（M43.4.29）の「庄之助の跡目」にあったように、「紫白」だったことは明らかである。もし「真紫白」以外の「紫白」だったなら、明治43年5月までの間に「真紫白」に変えていなければならない。明治43年5月当時、木村庄三郎は9代式守伊之助と同じ「真紫白」だったからである。

　木村庄三郎に関して言えば、やはり例外的扱いとなる。式守伊之助の次席にもかかわらず、「准立行司」ではなかったし、房色も「半々紫白」ではなかったからである。式守伊之助に次ぐ第三席行司が「准立行司」になり、「半々紫白」を許されたのは、木村進が第一号となる。その慣行は昭和34年（1959）11月まで続いている。昭和2年の木村玉之助は第三の立行司だったので、「半々紫白」である。また、昭和26年（1951）6月以降の副立行司も第三席であり、やはり「半々紫白」である。半々紫白を許されるのは必ずしも1人ではなく、2人の場合もある[9]。このことから、木村庄之助と式守伊之助以外の第三の立行司は「半々紫白」として処遇されていたと言って差し支えない。この意味においても、明治43年当時の木村庄三郎は例外であった。

3.　准立行司

　ここでは、明治末期の木村進から昭和34年（1959）11月までの副立行司の「紫白」について調べ、それは実は「半々紫白」だったことを論じる。

---

9)　たとえば、昭和26年9月以降昭和34年11月まで副立行司として木村玉之助と木村正直の2人がいた。

3.1 木村進

(1) 木村進は明治44年（1911）2月に准立行司になり、紫白房を許されている〔『東京日日新聞』／『都新聞』（M44.2.22）〕。新聞によっては、4月として報道しているものもある〔『東京日日新聞』（M44.4.10）〕。この紫白房が「真紫白」だったのか、それとも「半々紫白」だったのかを明確に述べたものはないが、「半々紫白」だったはずだ。

(2) 『東京日日新聞』（T2.1.12）の「伊之助の昇進」では、木村進について次のように述べている。

「式守伊之助は初日まで紫房に白が交りおりしも二日目より真の紫房に昇進し、立派な立行司になれり」

　11代式守伊之助（進）はそれまで「紫白」だったが、総紫になったのだろうか。もしそうなら、大正2年（1913）頃は式守伊之助も木村庄之助同様に「総紫」を使用していたことになる。おそらく、当時でも式守伊之助は木村庄之助と異なる房色を使用していたはずだ。それでは、この新聞記事は事実に反するのだろうか。これは「真の紫房」をどう理解するかによって見方が異なる。

　式守伊之助は准立行司のとき半々紫白だったが、式守伊之助に昇進したとき「真紫白」になったと解釈するのが自然である。「真の紫白」は「総紫」になったのではなく、木村庄之助の総紫と見間違えるほど「総紫に限りなく近い色」になったという意味である。私はそのように解釈している。そのほうが事実に即した見方である。

　もし式守伊之助が本当に「総紫」になったのであれば、大正2年頃には式守伊之助も木村庄之助同様の総紫を許されていたことになる。式守伊之助は最初紫白を許されるが、その後、何らかの条件を満たせば、総紫を許されるという決まりがあったはずだ。しかし、そのような決まりごとをこれまで見たことがない。

第2章　准立行司と半々紫白

「半々紫白」は見た目にも白糸が混じっていることがわかったかもしれない。式守伊之助の「紫白房」はよく注意してみないと「総紫」に見えたはずだ。すなわち、一見すれば、木村庄之助の総紫と判別できないかもしれない。しかし、よく注意して見れば、木村庄之助と式守伊之助は微妙に異なる「紫」である。この新聞記事はこの微妙な色の違いに目をつぶり、「紫」を強調している。両立行司はともに「紫」だとする記述はこれまでにもあったし、その後もずっと続いている。「総紫」だとか「真紫白」だとかをことさら強調するのでなければ、一括りにして「紫」と書いている。同様に、「真紫白」と「半々紫白」もともに「紫白」と表すのが普通である。さらに、紫糸の中に白糸が少し混じっていても「紫」として表すこともある。

(3) この式守伊之助は大正3年3月15日に死去している。立行司の場合、死去した年月は次の立行司の襲名年月を知る重要な手がかりとなる。当時は、立行司が空位になることはほとんどなかったからである。

3.2　木村誠道

(1) 誠道は大正2年（1913）春場所8日目より紫白房を許された〔『都新聞』／『読売新聞』／『東京日日新聞』(T2.1.8)〕。

この「紫白房」は「真紫白」だったのか、それとも「半々紫白」だったのか。当時の新聞記事では明確でない。誠道は当時准立行司だったので、半々紫白だったに違いない。

(2) 木村誠道は大正3年5月、12代式守伊之助を襲名している〔『東京日日新聞』／『読売新聞』(T3.5.24)〕。5月29日、土俵上でその披露をしている〔『大阪朝日新聞』(T3.5.30)〕。しかし、この夏場所番付では式守伊之助ではなく、「誠道」の名乗りのままであった[10]。正式に

49

式守伊之助を襲名し、その名乗りで番付記載されたのは、大正4年1月である。

(3) 大正3年5月、木村誠道は「半々紫白」だったのか、それとも「真紫白」だったのか。これには2つの見方がある。

(a) 半々紫白のままだった。
(b) 真紫白だった。

本章では、真紫白だったという見方をしている。その理由には少なくとも2つある。

(a) 大正3年5月には、11代式守伊之助はすでに亡くなっていた。
(b) 木村誠道の次席である木村朝之助が5月場所、土俵祭で紫だった。

この土俵祭では、朝之助が「紫」を使用していたことを確認できる。

・『やまと新聞』（T3.5.31）の「吉例土俵祭」
「行司朝之助が紫の房長く垂れた軍扇を目八分に捧げて静々と三宝の前に進み出で（後略）」

木村誠道は式守伊之助を名乗っていないので、「半々紫白」のままだったという見方もできるが、それは現実的ではないはずだ。というのは、木村誠道の上位には17代木村庄之助しかいないし、名目上式守伊之助の地位に就いていたからである。木村朝之助は新聞記事で「紫」となっているが、第三

---

10) 当時、式守伊之助を襲名すると、不幸なことが起きるという噂があり、木村誠道もその名の襲名を一時躊躇している。そのことについては、当時の新聞や本などで触れている。大正末期までもその噂は消えていない。たとえば、15代式守伊之助（のちの20代木村庄之助、松翁）もその噂を消すために、縁起担ぎに半々紫白の房を使用している〔『大相撲夏場所号』（S15.5）の「辛い行司の立場」（p.56）〕。

50

第2章　准立行司と半々紫白

席の「半々紫白」だったに違いない。そのように解釈するのが自然である。

　(4)　木村誠道が大正3年5月、真紫白を使用していたという見方に対し、
　　　それに反する証拠となる免許状がある。この免許状の日付は大正3年
　　　10月となっている。

・12代式守伊之助に授与された免許状の文面

「　　　　　　免　許　状
　　団扇紐紫白色打交令免許畢以来相用可申候依而免許状如件
　　　　　本朝相撲司御行司
　　　　　第二十三世　　押印
　　大正三年
　　　十月二十日　　　　　　吉　田　追　風　花王印

　　　　　　　　　　　　式守伊之助とのへ　　　　　」
　　　　　　　　　　〔和歌森著『相撲今むかし』(S38, p.52)〕

　この免許状の日付をどう解釈すればよいのだろうか。これは式守伊之助を
名乗ることが決まった後に出されたものである。木村誠道の名乗りで出され
たものではない。木村誠道のままでも「紫白」を使用してよいという吉田司
家の了解がすでにあったに違いない。なお、式守伊之助に許された免許状で
は「紫白色打交」となっているが、准立行司に許された免許状ではどういう
文面だったのだろうか。推測だが、やはり同じ「紫白色打交」となっていた
はずだ。つまり、文面上の違いはなかったはずだ。というのは、真紫白も
半々紫白も一括りにして「紫白」と言い表していたはずだからである[11]。
これは「木村誠道」の行司名で授与されていたはずだ。半々紫白を許された
行司は元の「行司名」のままだったからである[12]。

51

3.3 木村朝之助

(1) 木村誠道の項で見たように、木村朝之助は大正3年（1914）5月場所、紫房で土俵祭を司祭している〔『やまと新聞』（T3.5.31）の「吉例土俵祭」〕。この「紫」は厳密には「半々紫白」である[13]。木村朝之助の上位には2人の立行司、つまり17代木村庄之助（総紫）と12代式守伊之助（誠道、真紫白）がいた。そのことからわかるように、木村朝之助は准立行司だった。

(2) 木村朝之助の免許状授与式は大正4年11月14日、吉田司家神前で横綱鳳の免許状授与式とともに同時に行われている。

　　・『角力世界』（T4.12）
　　「東京相撲行司木村朝之助に対し紫白の房を許可の免状授与式ありて（後略）」（p.1）

　准立行司としての「半々紫白」は5月場所前に許されていたが、正式な授与式は11月に行われたことになる。これは地方巡業のついでに挙行された

---

11) 明治43年（1910）以前も木村庄之助も式守伊之助もその免許状には「紫白（色）打交」となっていたに違いない。というのは、「准紫」と「紫白」の区別をせず、一括りにして「紫白打交」として表していたからである。厳密な区別をしないときはそれを「紫」と呼んでいた。明治43年5月に行司の階級と房色が一致するようになってからは、木村庄之助と式守伊之助の房色は免許状でも明確に区別されていたはずだ。つまり、木村庄之助は「紫」となり、式守伊之助は「紫白打交」である。式守伊之助と准立行司はやはり依然として「紫白打交」となっていた可能性が高い。

12) 木村庄三郎は行司名で式守伊之助と同じ「紫白色打交」の免許状を許されているはずだ。

13) 拙著『大相撲行司の軍配房と土俵』（H24）では朝之助の紫白がいつ許されたかに関し明確でなかったが、春場所後であることが明らかになった。土俵祭りの団扇が紫だったし、春場所には上位に3人もいたからである。

第2章　准立行司と半々紫白

ようだ。

(3) 木村朝之助は大正11年春場所、式守伊之助を経験することなく、18
代庄之助を襲名した〔『やまと新聞』(T11.1.6) ／『萬新聞』(T11.1.
14)〕[14]。このとき、「総紫」に変わったに違いない。つまり、「半々紫
白」からいきなり「総紫」に変わっている。木村朝之助は式守伊之助
になっていないので、「真紫白」を使用していないことになる。

3.4　式守与太夫（5代）

(1) 式守与太夫は大正11年（1922）1月、13代式守伊之助になった〔『や
まと新聞』(T11.1.16)〕。12代式守伊之助が大正11年12月に辞職し、
式守伊之助が空位になったからである。さらに、式守与太夫の上位に
いた木村朝之助が18代木村庄之助を継いでいる。13代式守伊之助は
この春場所、式守伊之助の房色「真紫白」になったが、それまではど
の房色だっただろうか。「半々紫白」を千秋楽まで許され、その後、
「真紫白」の免許が出たのであろうか。今のところ、その免許がいつ
出されたのかは不明である[15]。

(2) 式守与太夫（5代）は大正10年5月場所8日目から臨時に「紫白」を
許されている。7日目に上位の木村朝之助（半々紫白）が失策し、8日
目に1日だけ謹慎処分を受けたからである。式守与太夫が8日目以降
千秋楽まで「紫白」だったのか、それとも8日目の1日だけだったの

---

14) 9代木村庄之助が大正15年5月場所中、大錦と鞍ケ岳の取組で差し違いをし、その
責任をとって辞職した。12代式守伊之助（誠道）も12月に職務を十分に果たせない
という理由で辞職した。そのため、翌場所に木村朝之助が18代木村庄之助に、次席
の式守与太夫が13代式守伊之助にそれぞれ昇格した。

15) 12代式守伊之助（誠道）は12月に辞職している。それを考慮すれば、12月以降に
13代式守伊之助の免許は出されているはずだが、それに関してはまだ調べていない。

かは定かでないが、臨時に「紫白」を使用していたことは確かである〔たとえば、鳴戸著『大正時代の大相撲』(S15、p.332)〕。その臨時に許された「紫白」は「真紫白」と「半々紫白」のうち、いずれだっただろうか。これは推測にしかすぎないが、「半々紫白」だったはずだ。なぜなら上位に立行司が2名いたし、木村朝之助が「半々紫白」だったからである。この与太夫は、しいて言えば、朝之助の代役を務めていた。

3.5 式守勘太夫

(1) 式守勘太夫は大正11年(1922)春場所、紫白房を許されている〔『国民新聞』／『報知新聞』(T11.1.6)／『中央新聞』(T11.1.18)〕。それまでは、房色は「赤」だった〔『夏場所相撲号』(T10.5)の「行司さん物語」〕。

(2) 次の新聞記事では、式守勘太夫の房色は「紫」と記述されている。

・『報知新聞』(T11.1.6)
「行司の部で朝之助の庄之助はともかくとして与太夫の伊之助が従来の例を破って庄之助と肩を並べて同字で上段に置かれ、それに新紫房格の勘太夫と錦太夫と往年の名行司三太夫が頭を並べたのも嬉しい」[16]

一つの記事では「紫白」になり、もう一つでは「紫」になっている。どれが正しいだろうか。これは見方によってどちらも正しいと言えるし、不十分な記述だとも言える。

---

16) この記事では「錦太夫」(のちの6代式守与太夫、15代式守伊之助、20代木村庄之助、松翁)も勘太夫と同様に「紫」を許されたかのような記述になっている。錦太夫は当時、紫白を許されていないはずだ。大正時代に半々紫白を許されたのは、おそらく、式守勘太夫が最後である。本章では、そのように解釈している。

第2章　准立行司と半々紫白

(a) 紫糸が混じっていれば、白糸の有無に関係なく、一括りに「紫」と呼ぶこともあった。その意味では「紫」としても正しい。

(b) 紫糸と白糸の混ざり具合によって、「紫白」を「真紫白」と「半々紫白」に区分するのであれば、それは不十分な記述である。

つまり、式守勘太夫の房色を「紫」あるいは「紫白」と記述してあっても、間違ってはいない。どちらも正しいのである。しかし、「紫白」をもう少し厳密に区分するのであれば、式守勘太夫は「半々紫白」である。なぜそれが「真紫白」でなく、「半々紫白」と言えるのか。それは状況証拠から判断するしかない。

式守勘太夫は第三席である。上位に2人の立行司がいた。つまり、木村朝之助が18代木村庄之助となり、式守与太夫が13代式守伊之助となっている。木村庄之助は総紫であり、式守伊之助は真紫白である。第三席の式守勘太夫は、当時の慣例として「半々紫白」である。

4.　松翁の半々紫白

(1) 6代式守与太夫（3代錦太夫）は大正15年（1926）1月に15代式守伊之助に、また昭和17年（1942）10月に20代木村庄之助になっている。昭和10年（1935）1月には「松翁」の称号を授与された。この6代与太夫は15代式守伊之助になる前、半々紫白を許されていないはずだ。大正末期、第三席を占める時期が短く、いきなり式守伊之助を継いだからである。

6代式守与太夫が正式に15代式守伊之助として番付に記載されたのは大正15年5月だが、その前場所（つまり1月場所）はすでに名目上15代式守伊之助を継いでいる[17]。

55

・『野球界』（S13. 6）の「行司生活五十年―松翁　木村庄之助」[18]
「私が15代庄之助の名を許されたのは大正15年1月です」（p.20）

・『野球界』（S14. 9）の「松翁と一問一答」
「大正15年の1月に15代の式守伊之助を継いだという訳なのです」（pp.119-20）

　1月場所に式守伊之助を継ぐことが決まっていたので、房色はその場所から「真紫白」だったに違いない。これが正しい見方であれば、この式守与太夫は「半々紫白」を使用していないことになる。ただし、これは本場所のことであって、地方場所では使用していたことがある。それを確認できる資料がある。

・『夏場所相撲号』（S2. 5）の「相撲界秘記〈紫白から朱房へ〉」
「西の海の組合は、朱房の勘太夫が、特に地方だけの紫白行司になって（こうした例は、今の伊之助が錦太夫時代にありましたが）参加しますし、（後略）」（p.123）

　6代与太夫は錦太夫時代（M32. 1 ～ T11. 1）、地方巡業で「紫白」を使用していた。地方巡業では本場所の房色より一つ上の房色を使用することも許されていたので、錦太夫も本場所では「赤」だったが、地方巡業では紫白房を

---

17)　14代伊之助（勘太夫）は大正14年12月に亡くなっている。与太夫が15代式守伊之助を大正15年1月に継いだとしても、不思議ではない。式守伊之助を継げば、真紫白を使用するのが自然である。残念ながら、式守伊之助昇格の免許状の日付がどうなっているかはまだ確認していない。式守伊之助の「真紫白」使用は、免許の日付とは関係ないはずだ。本免許の授与が遅れだとしても、仮免許を事前に授与することもありうる。

18)　その雑誌記事の中には行司歴の記述もあるが、半々紫白の使用を確認できる記述はない。なお、15代式守伊之助が大正15年1月に昇格したことを確認できる記述はたくさんある。

第2章　准立行司と半々紫白

使用している。この「紫白」が「真紫白」だったか、「半々紫白」だったかは不明だが、おそらく「半々紫白」だったと推測している。「紫白」の中では控えめな色だし、当時式守伊之助より地位が低かったからである。

(2) 6代与太夫は式守伊之助に昇格してからも「半々紫白」を使用していたという雑誌記事がある。これはこれまでの慣例と異なるものである。その記事を、少し長めだが、ここに掲載する。

・『大相撲夏場所号』（S15.5）の「辛い行司の立場　〈一世の名人松翁を偲ぶ（第21代木村庄之助筆）〉」

「松翁については、何しろ固い人ですから、とり立てて面白い逸話というものはなく、かえって何も話がないのが翁にふさわしいことですが、私の感銘した、いかにも翁の性格を表わした話がたった一つだけあります。

それは松翁が、式守伊之助を襲名されたときのこと、当時どういう訳か伊之助を襲名する人は運が悪く短命に終わるので、皆伊之助襲名をいやがっておりましたが、たまたま時めぐり来たりまして松翁がこれを襲名することになりましたので、皆で縁起を担ぎますと、松翁は『これが私の縁起直しです』と、袋からサッと軍配を取り出して皆に示されました。ハテ不思議なこと、何が縁起直しなのかと見ますと、それは紫白半まぜの紐をつけた軍配でした。

そして翁が説明されるには『従来伊之助は立行司ではあるが、庄之助よりは一段格下で、軍配の紐も紫ではなく、紫、白半まぜと明白に伝わってきたのであるが、いつの間にか紫に2、3本の白糸を配してごまかしてきた。これは古式を尊重する相撲の精神に反する。であるから私は伊之助の正しい軍配に改め、これで縁起直しをするのです』と、襟を正して申された時には、なる程とその見識に敬服致しましたが、爾来翁には何の障りのあるどころか、かえって名人の名をほしいままにされ、庄之助となられ、次いで松翁を贈られ、一代の名行司として後世にその名を残されることになったのですが、翁の真面目躍如たるものとしていつも思い出されます」（p.56）

この記事の「半々紫白」に関しては、いくつか疑問がある。それを次に記す。

(a) 立行司の式守伊之助が「真紫白」、第三席の准立行司が「半々紫白」だが、この15代式守伊之助はその区別をしていない。しかも、式守伊之助はもともと紫糸と白糸が「半まぜ」だという。すなわち、式守伊之助が准立行司の房色と同じである。第三席の「半々紫白」が明治44年（1911）2月以降の房色だとしても、それ以前の式守伊之助は紫糸と白糸の割合は半々だったのだろうか。紫糸と白糸の割合は確かに不明だが、白糸は「准紫」の場合より少し多かっただけではないだろうか。15代式守伊之助が8代式守伊之助や9代式守伊之助の「紫白」について語っているとすれば、それは疑わしいはずだ。

(b) もし15代式守伊之助が明治43年5月以降の式守伊之助の房色について語っているのであれば、式守伊之助が「半々紫白」であったとするのは、もちろん、正しくない。なぜならそれは准立行司の房色だったからである。式守伊之助の「真紫白」が紫糸の中に4、5本くらい白糸が混ざったものになったというのは、正しいかもしれない。白糸の割合はもともと不明だが、「4、5本」だったということは具体的である。それは真実かもしれないし、そうでないかもしれない。白糸の割合にはもともと厳格な基準はなく、木村庄之助の「総紫」と第三席の「半々紫白」を区別できればよいという程度の漠然とした基準だったはずだ。要は、第三席准立行司の半々紫白の存在を完全に無視しているが、それは正しい見方だろうかという疑問がある。木村進以降大正15年1月頃まで第三席の准立行司は「半々紫白」を使用していたのである。

(c) 15代式守伊之助のいう「半々紫白」は式守伊之助以外には許されなかったのかという疑問もある。本章では触れないが、吉田司家から正式な「紫白免許」が出ていない場合、それが届くまで「半々紫白」に近い房を使用していた可能性がある。また、協会だけが許した独自の

「紫房」もあったかもしれない。それがあったとすれば、「真紫白」と区別する意味で「半々紫白」を使用したかもしれない。これは推測の域を出ないが、明治時代の新聞でときどき「黙許」による紫白という表現がある〔たとえば、『読売新聞』（M25.7.15）の「寸ある力士は太刀冠に頭を打つ」〕。それが、実は、「真紫白」だったのか、それとも「半々紫白」に近いものだったのか、はっきりしないのである。これは今後、検討する必要がある。

(d) 15代式守伊之助は大正15年1月、「真紫白」の存在を否定していない。その存在を認めながらも、あえて縁起担ぎとして「半々紫白」に改め、それを使用していることである[19]。当時、そのようなことが許されていたのだろうか。木村庄之助は総紫、式守伊之助は真紫白、第三の准立行司は半々紫白というのは当時確立していた階級色だったはずである。理由が何であれ、式守伊之助が「半々紫白」を使うのは慣例に違反しないだろうか。罰則がなかったとしても、きまり悪さは否めないはずだ。たとえば、現在、木村庄之助が式守伊之助の「真紫白」を使用した場合、それを当然のこととして受け入れるだろうか。一時的に、間に合わせに使用せざるをえないことはありうるが、それはあくまで臨時的にしかも一時的に許されるものである。15代式守伊之助の場合、わざわざ「紫・白の半まぜ」を作成し、それを使用している。それが許されたのかどうか疑問が生じる。

---

19) 軍配袋から取り出して見せた「紫白半まぜ」の軍配は新しく作成したものではなく、たまたま地方巡業で使用していた「半々紫白」の紐をつけた古い軍配だったかもしれない。ここで注目しているのは、式守伊之助に昇格した後にも関わらず、ゲン担ぎとしてあえて「半々紫白」を強調していることである。

5. 昭和の半々紫白

　昭和2年（1927）春場所、東京相撲と大阪相撲が合併したとき、大阪の立行司木村玉之助（10代）は、実は、「半々紫白」だった。また、昭和26年（1951）春場所後に新設された副立行司も「半々紫白」だった。木村玉之助は昭和26年9月に副立行司に格下げされたが、依然として房色は「半々紫白」だった。副立行司の制度は昭和35年1月場所で廃止されている。木村正直（2代）は昭和26年9月に副立行司となったが、副立行司になっても行司名を変えなかった。つまり、副立行司は2人で、1人が木村玉之助、もう1人が木村正直であった。木村正直の房色も、もちろん、「半々紫白」だった。

5.1　木村玉之助

　木村玉之助の房色はときには「紫」として、また、ときには「紫白」として記述されている。「半々紫白」として記述してある文献は極めて少ない。

(1) 紫
　木村玉之助の房色を「紫」として記述してあるものを次に示す。

・『野球界夏場所相撲号』（S11.5）の「相撲通になるには〈行司の資格〉」
　「木村玉之助は立行司であるが、これは大阪角力協会が独立していた頃立行司として遇せられていた関係からして今でも紫房を許されているが、格式において木村、式守の両宗家には及ばないのである」（p.115）

・寺尾編『角界時報』（角界時報発行所、S14）の「行司の苦心物語」
　「大阪相撲協会が独立していた頃、大阪の立行司木村玉之助が紫房として、司家より免許され、東京相撲協会に合流して大日本相撲協会が結成されても、

第2章　准立行司と半々紫白

依然立行司として紫房を用いているが、庄之助・伊之助に比肩する格式はな
く、その次位に見られている」(p.7)

　木村玉之助は依然として「紫」だが、立行司の木村庄之助と式守伊之助よ
り格下であった。この紫はその異種を含めた従来の表現である。決して「総
紫」を意味しているのではない。

(2) 紫白

　木村玉之助の房色は式守伊之助と同じように「紫白」と記述してあるもの
もある。むしろ、そのような記述が圧倒的に多い。

　・『春場所相撲号』(S16.1) の「春場所相撲観戦手引き〈行司〉」
　　「庄之助は紫房の軍配を用い、伊之助は紫に白糸の交りしもの、玉之助は (中
　　略) 伊之助に準じている」(p.167)

　・『春場所相撲号』(S16.5) の「夏場所相撲観戦手引〈行司〉」
　　「立行司は横綱格で木村庄之助が紫房、式守伊之助、木村玉之助が紫に白交り
　　房である」(p.135)

　式守伊之助が「真紫白」であることから、木村玉之助も「真紫白」だった
と捉えても不思議ではない。

(3) 規定の紫白

　相撲規定でも、木村玉之助の房色はやはり式守伊之助と同じ「紫白」であ
る。

　・昭和3年 (1928) の「寄附行為施行細則」第25条
　　「行司はその職務の執行に就いては絶対の権能を有し、紫房は横綱に、紫白房
　　は大関に、紅白及び緋房の行司は幕内より関脇までの力士に対等し、足袋格

61

の行司は十両格の力士に対等するものとす。」

　この規定では、紫白房が力士の大関に対応することを述べてあるが、式守
伊之助と木村玉之助の区別はしていない。当時の雑誌や本などではほとんど
の場合、式守伊之助も木村庄之助も「紫白」となっていて、その「紫白」に
差があるという記述はない。相撲協会の「寄附行為施行細則」では昭和34
年11月まで式守伊之助と木村玉之助は同じ「紫白」であり、力士の大関と
同じ扱いである。したがって、規定に従えば、紫白には「差」がないことに
なる。

(4) 半々紫白
　木村玉之助の「紫白」は式守伊之助と同じ「真紫白」ではなかった。実
は、「半々紫白」だったのである。これを確認できる記述がある。

　・藤島著『力士時代の思い出』(S16)
　　「現在玉之助は準立行司でやはり『紫白房』だが、紫色と白色が半々である。
　　これも大関格である。」(p.87)

　・出羽海著『私の相撲自伝』(S29)[20]
　　「『紫白房』は紫と白のうちまぜの紐で、力士の大関格である。副立行司の玉
　　之助と正直はやはり「紫白房」だが、紫と白が半々になっている。」(p.79)

　これは非常に貴重な資料である。式守伊之助と木村玉之助の「紫」や「紫
白」には差があったことを確認できるからである。しかし、第三席の行司が
「紫」を許された場合、それは式守伊之助の「真紫白」ではなく、「半々紫

---

20)　『力士時代の思い出』(S16) と『私の相撲自伝』(S29) の著者は同一人で、横綱・
　　常ノ花である。内容は少し異なるので、注意を要する。『力士時代の思い出』は別
　　名『近代力士生活物語』(S16) としても出版されている。

第2章　准立行司と半々紫白

白」であったことは、これまでの行司の房色を見れば明らかである。この慣例が昭和2年以降の木村玉之助の場合も生きていたのである。ところで、大阪相撲の立行司木村晴彦（紫白）が「朱」として処遇されたことに関し、次のような雑誌記事がある。

・『夏場所相撲号』（S2.5）の「相撲界秘記〈紫白から朱房へ〉」
「京阪合併のおかげで、行司の中には、随分気の毒なのが沢山できましたが、これもその一人、大阪の立行司（紫白）の清之助は、吉田司家に金を納めて、その門人となり、紫白を許されたのですが、今度、京阪合併となると、司家の許した紫白を、日本角力協会が、容赦なく取り上げて、朱房（筆頭ではありますが）に下げてしまいました。行司としては、別に偉い行司ではありませんから、朱房でも文句はないようなものの、司家門人の紫白を、協会が取り上げるのは、ちょっとおかしい」（pp.122-3）

この記事によると、木村晴彦を立行司（紫白）から三役格（朱）に格下げしたのは相撲協会独自の判断によるとしているが、実は、吉田司家の判断も密接に関係している。それを確認できる資料がある。

・『大相撲画報』（S34.12）の「大相撲太平記〈大正後期編（忍苦の巻）〉」
「行司の資格は吉田司家みずから来阪して相撲を検分し、これを決定することになった。（来阪した吉田司家は三日目（15日）行司の資格淘汰をやってのけた。「連盟」相撲の立行司は東京二名（庄之助と伊之助）・大阪は木村玉之助一名と決定。行司生活四十年、紫白（立行司）の木村誠之助は一桁下の緋紐・足袋に格下げされた）」（p.44）

この記事で見るように、昭和2年の大阪相撲と東京相撲の合併の際、行司をどのように処遇するかに関しては、相撲協会と吉田司家がともに検分していたことがわかる。相撲協会だけの判断で大阪相撲の立行司を格下げしたわけではない。

63

5.2 副立行司

　昭和26年（1951）1月場所後に「副立行司」が新設された。そのとき、三役の草履格だった木村庄三郎が副立行司に昇格し、立行司の第三席だった木村玉之助が副立行司に格下げされた。この副立行司の制度は昭和34年（1959）11月まで続き、昭和35年1月に廃止されている。副立行司になった木村庄三郎は5月場所の1場所だけ勤め、9月場所には19代式守伊之助になっている。21代木村庄之助が夏場所（5月）後に引退し、それを受けて18代式守伊之助が22代木村庄之助を襲名したからである。

(1) 規定

　昭和26年の春場所後に新設された副立行司だが、人事や房色について詳しい記述がある。それを次に示す。

　・相撲博物館編『近世日本相撲史（3）』
　　「（著者注：昭和26年）春場所後の番付編成会議において、行司木村庄三郎が新設された副立行司に昇格、紫白房の軍配を使用することが許された。（中略）なお、立行司だった木村玉之助が副立行司に格下げされ、立行司は木村庄之助と式守伊之助の二人である。」（p.19）

　副立行司の房色は「紫白」として記述されているが、それが「真紫白」なのか、「半々紫白」なのかはわからない。すなわち、副立行司と式守伊之助の房色は「紫白」だが、それは全く同じ色なのか、それとも少し異なる色なのかはわからない。

　・昭和32年5月の「日本相撲協会寄附行為」の「審判規則」（行司）第20条。
　　ここでは立行司と副立行司の箇所のみを略記する[21]。

第2章　准立行司と半々紫白

「行司は、その階級に応じて左の如き色を使用する。

立行司	庄之助	総紫
	伊之助	紫白
副立行司	玉之助	紫白
	正直	紫白」

つまり、伊之助と副立行司はともに紫白である。横綱や大関と対比する表現になっていない。房色に関する限り、規定上の「差」はない。

(2) 紫白

副立行司は式守伊之助と同じ「紫白」として記述してあることが多いことから、その房色は「真紫白」だと誤解を招く恐れがある。そのような記述を見てみよう。

・三木愛花著『国技角力通』（S5、p.138）[22]
「木村家の首席庄之助は紫、式守家の首席伊之助は紫に白糸の交りしもので、この二人を立行司と称し、（中略）、近く大阪より来投せる木村玉之助も式守伊之助に準ず」

・木村庄之助・前原太郎共著『行司と呼出し』（S32）

---

21) 昭和32年（1957）以前にも「寄附行為」は一部修正されているが、それを全体的にまとめて公表したのがこの32年の「寄附行為」である。そうでなければ、32年以前は制度上、副立行司が存在しなかったことになってしまう。このように、「寄附行為」の規定は一部少しずつ改正されており、ときどきまとめて公表されている。その意味では、寄附行為より先に実際の出来事が実施されていることになる。

22) この本は昭和5年（1930）の出版になっているが、この箇所は昭和2年春場所前に執筆されたかもしれない。末尾に昭和5年の「天覧相撲」や付録として明治元年5月から昭和5年5月場所までの番付も掲載されていることから、出版年「昭和5年」は正しい。「近く大阪より来投せる」とあるのは大正15年末から昭和2年春にかけて執筆されたことを示唆している。

「(前略) 大関格は紫と白の染め分けの軍配房を使用し、副草履、帯刀を許される。昭和26年以来 "副立行司" の名称となり、木村玉之助、木村正直がつとめている。最高位が立行司で、私（著者注：22代木村庄之助）であるが、紫房は代々庄之助一人に限られ、伊之助は紫白房を使用している。」(p.66)

　副立行司の房色は「紫と白の染め分け」と表現され、式守伊之助の「紫白」と同じなのか、異なるのか、明確でない。この表現は、普通、「紫白」を意味している[23]。この説明を読んで、副立行司の房色が「半々紫白」であると解釈するのは無理である。

(3) 半々紫白
　副立行司と式守伊之助は同じ「紫白」であっても、厳密には同じではなかった。式守伊之助は「真紫白」だが、副立行司は「半々紫白」だったのである。それを確認できる記述がある。

・藤島著『力士時代の思い出』(S16)
　「現在玉之助は準立行司でやはり『紫白房』だが、紫色と白色が半々である。これも大関格である。」(p.87)

・『大相撲』(S31.9) の「立行司」
　「『紫房』は力士の横綱に相当し、現在は庄之助のみが許されている。『紫白房』は紫と白の打ち交ぜの紐で、力士の大関格であり、伊之助がこれを用いているが、副立行司の玉之助と正直は、紫と白が半々になっているやはり一種の紫白房を使用している。」(p.28)

---

23) なぜ木村玉之助の房色を式守伊之助の房色同様にずばり「紫白」としなかったかは不明である。規定で「紫白」となっていたためだろうか、それとも当時、式守伊之助も副立行司も「紫白」とするのが普通だったからだろうか。

第2章　准立行司と半々紫白

　これらの記事から、式守伊之助は「真紫白」だったのに対し、副立行司は「半々紫白」だったことがわかる[24]。このように、「半々紫白」は明治末期の木村進から副立行司が存続していた昭和34年11月まで使用されてきたのである。

　ところで、房色とは関係ないが、式守伊之助と副立行司は取組を裁く番数でも差があったことを記しておく。昭和27年9月から昭和34年11月まで、19代式守伊之助は1番裁いていたが、副立行司は2番裁いていた。木村庄三郎は26年9月に19代式守伊之助になっているが、その9月場所は2番裁いている。27年の春場所（1月）と夏場所（5月）は病気で欠場している。19代式守伊之助を襲名したのと同時に1番裁いたわけではない。27年9月から34年11月の間、庄之助が欠場することもあるが、その場合、伊之助は最後の取組をやはり1番だけ裁いている[25]。

6. 副立行司の免許状

　副立行司の房色は大正時代の准立行司とまったく同じである。当時、准立行司は「紫白」として記述されている。それでは、免許状では副立行司の房色はどのように表現されていたのだろうか。私はその免許状を見たことがな

---

24)　インターネットのフリー百科事典「ウィキペディア」で副立行司の房色は現在の式守伊之助の房色と同じで、当時の式守伊之助の房色には白糸が現在より少なかったという内容の記述がある。この記述が正しいのかどうかははっきりしない。私が調べた文献では、副立行司は紫糸と白糸の割合はほぼ半々となっている。現在の式守伊之助の場合、その割合は必ずしも厳密ではなく、白糸が混じっていればよいらしく、見たところ9対1か8対2くらいである。現在は「半々紫白」がないので、紫と白糸の割合は「適当に」ということらしい。

25)　木村玉之助と木村正直が同時に副立行司であった頃、取組を裁くのは2番ずつだったが、一日おきに交代で裁いていた。これは相撲博物館の取組表で確認したが、いつまでそれが実施されていたかは調べなかった。関心のある方は取組表で確認するとよい。

いが、おそらく、式守伊之助と同じ文言だったはずだ。ただし、木村玉之助は「木村玉之助」として、またそれ以外の副立行司は元の「行司名」として免許状では記されていたに違いない[26]。

(1) 木村玉之助の場合、免許状は「木村玉之助」の行司名だったはずだ。この木村玉之助は木村庄之助や式守伊之助同様に地位としての名前だからである。木村玉之助の行司名は13代まで代々受け継がれている。

(2) 木村玉之助以外の副立行司は、その行司名だったはずだ。したがって、木村庄三郎や木村正直はその行司名だった。

式守伊之助の房色は、たとえば19代式守伊之助の免許状で確認できる。

・19代式守伊之助の免許状

「　　　　　　免　許　状

団扇紐紫白色打交方屋内上草履令免許畢以来相用可申候依而免許状如件

　　昭和二十六年　六月吉日

　　　　　　本朝相撲司御行司　　　押印

　　　　　　　二十五世　吉田追風　花王印

　　　　　　　　　　十九代

　　　　　　　　　　　式守伊之助

　　　　　　　　　　　　とのへ　　　　　　　　　」

(19代式守伊之助著『軍配六十年』の「伊之助思い出アルバム」(S36))

---

26) 木村玉之助はもともと、木村庄之助と式守伊之助に次ぐ第三席の「真の立行司」であり、副立行司に格下げされてもその行司名をそのまま使用していた。大阪の由緒ある立行司であったため、その名を残すことにしたようだ。

第2章　准立行司と半々紫白

　19代式守伊之助は昭和26年（1951）5月に副立行司に昇格し、5月場所だけ副立行司として勤めている。5月場所後には、行司免許にあるとおり、19代式守伊之助に昇格している。1場所だけの副立行司であっても、その免許は出ているはずだ。残念ながら、副立行司の免許の文面がどうなっているかを確認できないので、推測するしかない。

　相撲規定や文献などで式守伊之助と同じ「紫白」が使用されていることから、文面上の違いは何もなかったようだ。違うのは1カ所だけだったはずだ。それは宛名の違いである。つまり、式守伊之助の場合は「第何代式守伊之助」であるのに対し、副立行司の場合は「行司名」のままである。副立行司になった行司の履歴を調べてみても、行司名のまま「副立行司」になっている。その後で、昇格した行司は式守伊之助となっている[27]。

　明治43年（1910）2月に木村進が准立行司になっているが、やはり行司名のままである。それ以降、大正時代に准立行司はそのままである。木村誠道、木村朝之助、式守与太夫、式守勘太夫など、すべて行司名のままである。

　昭和2年に大阪相撲出身の木村玉之助はその行司名のまま「立行司」になっているが、房色は半々紫白であった。大阪では「総紫」の立行司だったが、式守伊之助の次席に格下げされている。格下げされたとき、その房色をどういう手続きで変更したのかは不明である。免許状を新しく出したのか、それとも口頭で房色を変えるように伝えられたのか、その辺のことはわからない[28]。

---

27)　木村正直（2代）だけがいきなり木村庄之助（23代）を襲名している。それは、上位の立行司が定年制のため退職したからである。

28)　式守伊之助や木村庄之助の免許状はときどきその写しを見ることがあるが、准立行司の免許状は見たことがない。免許状が出ていないということはないはずだ。

69

7. 今後の課題

　本章では、准立行司の房色にポイントを絞り、その色は「半々紫白」だっ
たことを指摘した。しかし、半々紫白を巡ってはまだ解決していない問題も
ある。それについて少し触れておきたい。

(1) 明治末期の准立行司木村進を初め、大正末期までの准立行司はすべて
　　「半々紫白」だったと論じているが、それはすべて間接的な資料に基
　　づいて推論したものである。それが本当に正しいのかどうかは、今後
　　検討する必要がある。

(2) 同一行司が准立行司となり、さらに式守伊之助に昇格したとき、昇格
　　するごとに別々の免許状を出していたのだろうか、それとも准立行司
　　のときだけ出していたのだろうか。免許状の房色の文言はどうなって
　　いたのだろうか。両方とも「紫白色打交」で、その使い分けは口頭で
　　伝えていたのだろうか。その辺りのことも今後調べてみる必要がある。

(3) 昭和2年（1927）以降の木村玉之助や昭和26年（1951）以降の副立行
　　司の「半々紫白」について述べてある本や雑誌記事がある。その数は
　　非常に少ないが、この「半々紫白」は正しい房色である。今後の研究
　　は房色というよりその房色を許したとき、どのようにして式守伊之助
　　と准立行司の房色を区別したかである。免許状ではともに「紫白色打
　　交」という文言になっていたはずである。しかし、実際には式守伊之
　　助は「真紫白」、木村玉之助は「半々紫白」だった。

(4) 本章では准立行司の「半々紫白」について詳しく述べているが、それ
　　以外の行司の「半々紫白」についてはほとんど触れていない。大正期
　　に式守与太夫が錦太夫を名乗っていたとき、地方巡業で「紫白」（お
　　そらく「半々紫白」）を使用していたことについて少し触れただけであ
　　る。地方巡業を含め、本場所でも「半々紫白」が特別に許される場合

第2章　准立行司と半々紫白

がなかっただろうか、それともあっただろうか。それについて今後調べてみる必要がある。

(5) 本章は明治43年（1910）5月以降の「半々紫白」にポイントを絞っているが、それ以前にそれが使用されていたかどうかについては何も触れていない。実際はどうだったか、調べてみる必要がある。なぜなら、相撲協会だけが許した「紫白房」という記述がときどき新聞記事などで見られるからである。それが「真紫白」だったのか、それともそれと異なる「半々紫白」に近いものだったか、詳しく調べる必要がある。協会だけが「紫白」の使用を許可したとしたら、それは何らかの文書による許可だったのか、単に口頭だけの許可だったのか、はっきりしていない。普通は、本免許が到着するまでのあいだ仮免許を出していたようだが、常にそうだったのかはわからない。そういった点も含め、明治43年5月以前に「半々紫白」がなかったかどうかを調べてみる必要がある。

　このように、准立行司の「半々紫白」を巡ってはまだ解明すべき問題もいくつかある。本章では、准立行司と「半々紫白」の一面を見てきたにすぎないのである。

71

第3章　文字資料と錦絵

1. 目的

　文字資料と錦絵を照合していると、文字資料にないものが錦絵で見つかることがある。その逆の場合もある。文字資料と錦絵は補完的なので、一致することが普通である。しかし、文字資料と錦絵が一致しない場合もある。本章では、基本的に、一致しない事例を扱う。文字資料にしても錦絵にしても視点によって見方が変わるわけだが、本章では次の点に焦点を当てる。

(1) 9代木村庄之助は文政8年（1825）から10年にかけて紫を許可されている。それを描いた錦絵はあるか。

(2) 5代木村庄之助の免許状は寛延2年（1749）に出されているが、その中に「草履」の使用が許可されている。その当時、行司は草履を履いていたのだろうか。

(3) 明治の新聞記事によると、13代木村庄之助は紫を許可されている。いつ許されたのだろうか。それは錦絵でわかるだろうか。

(4) 明治の新聞記事によると、6代式守伊之助は紫を許可されている。しかし、その年月は必ずしも明白でない。錦絵でそれを確認できないだろうか。

(5) 明治15年（1882）7月付の「御請書」によると、14代木村庄之助は紫（厳密には「紫白」）を使用している。しかし、その使用を認める他の文字資料はない。錦絵ではそれを確認できないだろうか。

(6) 明治の新聞記事によると、15代木村庄之助は明治16年から紫を許可
   されている。それは事実に即しているだろうか。それを確認できる錦
   絵はあるだろうか。

　本章では、説明の便宜上、「総紫」、「真紫白」、「半々紫白」の区別をせ
ず、一括りにして「紫」で表すことにする。本章では明治30年（1897）以前
の「草履」や「紫」を扱うので、紫の異種を厳密に区別しなくても誤解を招
くことはない。したがって、行司免許状の「紫白打交」も「紫」として扱う
こととする[1]。

　なお、本章で扱っていることは内容的に立行司の紫色と草履に関すること
なので、これまでの拙著や拙稿でもときどきどこかで触れている。引用箇所
や事例もときどき繰り返し提示してある。触れ方や視点が少し異なるだけで
ある。このことをお断りしておく。

2. 9代木村庄之助の紫白房

2.1　免許状の紫白房[2]

　（蓬莱山改め）立川焉馬著『角觝詳説活金剛伝』（歌川国安画、永寿堂、文政
11年春）の「木村庄之助」の項に次の記述がある[3]。

　　「無字団扇紫打交之紐上履免許」

---

1) 「紫」の異種に関しては本書の第1章と第2章でも少し詳しく扱ってある。
2) 免許状では「紫白」だが、本章では「紫」として扱う。
3) これは単に『相撲金剛伝』と呼ぶこともある。「紫打交」は「紫白打交」の意に違い
　ない。

74

第3章　文字資料と錦絵

　奥付によると、写本の校了は文政10年（1827）夏で、発行は文政11年春である。軍配も掲示されており、その文字は「豪」である。9代木村庄之助は文政7年に木村庄太郎から木村庄之助になった。文政7年から文政10年の間に「紫打交之紐」を許可されたことになる。
　9代木村庄之助が紫で裁いている錦絵があり、『角觝詳説活金剛伝』の記述が正しいことを確認できる。

　　・「当時英雄取組ノ図」、（香蝶桜）国貞画、堺市博物館制作『相撲の歴
　　　史』（H10、p.47）。
　　　東の方阿武松と西の方稲妻の取組で、木村庄之助は紫である。この錦
　　　絵は文政末期から天保年間に描かれているが、具体的な年月は特定で
　　　きない。

　9代木村庄之助が描かれた錦絵としては、他にも次のものがある。いずれも描かれたのは文政末期から天保初期だが、具体的な年月はやはり特定できない。いずれも稲妻と阿武松の取組を描き、木村庄之助は紫である。

　　① 画題なし、（五渡亭）国貞画、相撲博物館所蔵。
　　② 画題なし、（香蝶桜）国貞画、大黒屋版、相撲博物館所蔵。
　　③ 画題なし、国貞画、相撲博物館所蔵。

　この3つの錦絵は構図がよく似ているが、それぞれ少しずつ異なっている。たとえば、力士の手指の形や行司の足元の位置が違っている。阿武松の横綱在位は文政11年（1828）2月から天保6年（1835）10月である。稲妻の横綱在位は文政12年9月から天保10年11月である。横綱在位が重なるのは文政12年9月から天保6年12月である。したがって、これらの錦絵はその期間に描かれたものということになる。しかし、どの年のどの月に描かれたものかは特定できない。手がかりが少ないからである。なお、9代木村庄之助が木村庄太郎だったとき、素足で描かれた文政6年の錦絵がある。

75

・大相撲取組の図、春亭画、文政6年。『江戸相撲錦絵』（ベースボール・マガジン社、S61. 1、pp.29−31）。
四賀峯と小柳の取組で、木村庄太郎は素足である。

　この9代木村庄之助は素足からいきなり草履になったようだ。当時は、素足から足袋、そして足袋から草履という段階を踏まず、素足からいきなり草履を許されたようだ。草履を履けば、それに伴って足袋も履いたのである[4]。これは現在の順序と異なる。

2.2　免許状の草履

　文政10年（1827）11月付の「木村庄之助の先祖書」（別名「相撲行司家伝」）にある5代目木村庄之助の免許状は次のとおりである[5]。

「　　　　　　　　　　　　　　免許状
　無事之唐団扇　幷紅緒　方屋之内　上草履之事　免之候　可有受用候
　仍免許如件

　　　　　　　　　　本朝相撲司御行司

　　　　　　　　　　　16代　吉田追風　[印]

　　　寛延2年巳8月

　　　　江府

　　　　　木村庄之助との　　　　　　」

　　　　　　　　　　酒井著『日本相撲史（上）』（p.96）

---

4)　これに関しては拙著『大相撲の歴史に見る秘話とその検証』（H25）の第6章「足袋行司の出現と定着」でも触れている。

5)　この文面は読みやすいようにスペースをおいて提示してある。『相撲行司家伝』では文字間のスペースがなく、読みづらい。現代風の提示なら、たとえば吉田著『原点に還れ』〈H22、p.134〉にルビをつけた文面がある。

第3章　文字資料と錦絵

　これは9代庄之助への免許状と同じだが、同じ文面の免許状が7代木村庄之助にも授与されている。もちろん、免許状の日付と吉田追風の代数はそれぞれ異なる。9代庄之助のとき吉田追風は19代だが、7代木村庄之助のときは16代である。

2.3　天明8年の草履

　寛政元年（1789）11月に提出した寺社奉行所様宛の文書に草履についての記述がある。

> 「　　　　　　　　　　　差上申す一札の事
> 今般吉田善左衛門追風より東西谷風、小野川へ横綱伝授被致度、先年木村庄之助、場所上草履相用い候儀、先日吉田善左衛門殿より免許有之、其節場所にて披露仕候例も御座候に付き、此度も同様披露仕度旨（後略）」
>
> 酒井著『日本相撲史（上）』（p.166）

　この「先年」は具体的には天明8年（1789）のことである。天明7年以前の錦絵では木村庄之助は草履を履いていないが、天明8年以降の錦絵では履いている。草履を履いているか否かは当時の錦絵で明確に確認できる。

(1)　天明7年以前の錦絵（草履を履いていないもの）[6]

　①　谷風と小野川立合いの図、春章画、天明2年春場所。堺市博物館制作『相撲の歴史』（H10、p.35）。
　　　木村庄之助は素足である。軍配を左手に持っているが、事実に即しているかどうかは不明。なぜなら他の錦絵ではすべて、軍配は右手に持っているからである。

---

6)　天明から寛政にかけての錦絵は相撲の本でよく掲載されている。ここで示す参照文献は単に見本を示してあるにすぎない。

77

② 筆ノ海と宮城野の取組の図、春章画、天明3年春場所。酒井著『日本
相撲史（上)』（p.161)／ビックフォード著『相撲と浮世絵の世界』
（p.24)。

③ 「江都勧進大相撲浮世絵之図」、春章画、版元鶴屋、天明4年春場
所[7]。堺市博物館制作『相撲の歴史』（H10、p.36)。
谷風と小野川の取組である。

④ 「日本一江都大相撲土俵入後正面之図」、春章画、版元鶴屋、天明7
年。『江戸相撲錦絵』（p.7)。
行司は正面を向いて蹲踞しているが、素足である。足の小指がはっき
り見える。

(2) 天明8年以降の錦絵（草履を履いているもの）

① 幕内土俵入りの図、春好画、天明8年4月。池田編『相撲百年の歴史』
（S45、p.10)。
木村庄之助は草履である。

② 横綱授与の図、春英画、寛政元年11月場所7日目の図。堺市博物館制
作『相撲の歴史』（p.35)。
取組中の場面を描いていないが、木村庄之助は土俵上で草履を履いて
いる[8]。

③ 小野川と龍門の取組、春好画、寛政2年3月。ビックフォード著『相
撲と浮世絵の世界』（p.89)。

④ 「江都勧進大相撲浮世絵之図」[9]、春章画、版元鶴屋、寛政2年。ビッ
クフォード著『相撲と浮世絵の世界』（p.89)／堺市博物館制作『相撲
の歴史』（p.36)。

───────────────

7) 池田編『相撲百年の歴史』（S45、p.11）では天明2年2月となっている。

8) 「土俵上で谷風、小野川に横綱が授与された後、一人ずつ土俵入りを行った。」（酒井
著『日本相撲史（上)』（p.100)）。

9) この錦絵は天明8年の「江都勧進大相撲浮世絵之図」とよく似ているが、行司の位置
や力士の顔の位置が違う。複製に近いが、一部改作である。

⑤ 相撲取組の図、春英画、寛政3年。酒井著『日本相撲史（上）』（p.173）
／堺市博物館制作『相撲の歴史』（p.45）。
雷電と陣幕の取組。

　寛延2年の免許状に関しては、文字資料と錦絵に大きなギャップがある。
本章では、免許状の草履には問題があるとしている。すなわち、寛延2年当
時は草履を履いていなかったのに、それがあたかも存在していたかのように
扱っている。それは正しくない。草履を履くようになったのは、天明8年で
ある。それは錦絵で確認できる。というのは、天明7年以前の錦絵では行司
は草履を履いていないが、それ以降の錦絵では草履を履いている。これが正
しい解釈かどうかは、錦絵が事実を正しく反映しているとみなすかどうかに
よる。

3. 13代木村庄之助

13代木村庄之助の紫房は明治時代の文書で確認できる。

・『報知新聞』（M32.5.18）の「行司の紫房、司家より庄之助らに許可」
　「行司紫房の古式　相撲行司の所持する紫房は、古よりより難しき式法のあ
　るものにて、これまでこれを許可されしは、13代木村庄之助が肥後の司家
　吉田追風より許可されしを初めとし、これより後本式の許可を得たる者な
　かりしに、先ごろ死去したる15代木村庄之助が、再びその許可を得たり。
　（後略）」

・『東京日日新聞』（M32.5.18）の「相撲行司の軍配」
　「相撲行司の軍配は元来赤房が例なりしが、13代目木村庄之助のとき初め
　て肥後司家吉田追風のより紫白の免許を請け、熨斗目麻上下は8代目式守
　伊之助のとき初めて同家よりの免を請けし次第にて、（後略）」

これらの記事では、木村庄之助がいつ、紫を許可されたかはわからない。錦絵が手がかりとなる。紫で描いてある錦絵がある[10]。

・慶応2年（1866）3月、木村庄之助の独り立ちの姿、国貞画。学研発行『大相撲』（p.127）。

　慶応2年3月以前の錦絵では、木村庄之助は朱である。それでは、慶応2年春場所に紫を許可されたと判断してよいだろうか。その判断は必ずしも正しくない。というのは、もっと他の資料を調べてみると、慶応2年以前に紫を許可されているからである。

① 元治元年（1864）3月場所、「勧進大相撲東西関取鏡」、国貞画。『江戸相撲錦絵』（pp.146-8）。
　　木村庄之助は赤で描かれている。
② 元治2年春場所、「御免出世鏡」、春芳画。景山著『大相撲名鑑』（p.20）。
　　木村庄之助は紫で描かれている。

　この2つの資料から、13代木村庄之助は元治元年冬場所に紫を許可されていたと判断してよい。元治元年冬場所の錦絵や絵番付はまだ見ていないが、冬場所の前後に紫を許可されたはずだ。そのような錦絵や絵番付が見つかる可能性がある。

---

10)　13代木村庄之助がいつ頃紫房を許可されたかを巡っては、たとえば拙稿「江戸時代の行司の紫房と草履」（『専修大学人文科学年報（43）』、H25、pp.171-90）でも扱っている。

4. 6代式守伊之助の紫

6代式守伊之助も紫房を許されている。これは次の新聞記事で確認できる。

・『読売新聞』（M30.2.10）の「式守伊之助と紫紐の帯用」

「（前略）式守家が紫紐を用いたる先例は今より三代前の伊之助が特許されし
より外さらになく、この時の如きも当時東に雲龍久吉という横綱ありたりし
に、また西より不知火光右衛門現れ、東西横綱なりしため、東は庄之助（著
者注：13代）これを引き、西は式守伊之助が引くという場合よりして、（後
略）」

横綱雲龍と横綱不知火が重なるのは、文久3年（1863）11月から元治2年
（1865）2月である[11]。その間、式守伊之助は紫を許されたことになる。当時
の錦絵の存在を確認できないので、房色が紫だったかどうかも確認できない。
しかし、明治時代に描かれた錦絵では式守伊之助の房色は「朱」である。

① 慶応2年2月、独り立ち姿。学研『大相撲』（p.127）。
② 慶応3年10月、「陣幕横綱土俵入之図」、国輝画。学研『大相撲』
　（pp.116-7）。
③ 明治11年4月、横綱境川土俵入りの図、国明画。学研『大相撲』
　（pp.142-3）。

式守伊之助の紫房は臨時に許可されたものであり、永続的なものではな
かったようだ[12]。これは上記の錦絵でも確認できた。同時に、紫使用の許

11）　厳密には、元治元年冬場所から元治2年2月であろう。13代木村庄之助はおそらく、
　　　元治元年冬場所に紫を許可されたはずである。

可が短く、かつ臨時的なものだったため、紫房を確認できる錦絵自体が描かれていないかもしれない。もしそれが正しい推測であれば、錦絵では紫を確認できないことになる。

5. 御請書と14代木村庄之助

昭和15年（1940）には吉田司家と相撲協会とのあいだで取り決めがいくつか取り交わされている。吉田司家から通告されたものもあれば、協会から提出したものもある。その一つに「御請書」があるが、それは房色に関するものである。吉田著『原点に還れ』（H22、pp.34-6）にもその写しがある[13]。それを次に示す。（元は縦書きである。「右同」は「上に同じ」の意である。）

「　　　　　　　　　御請書

紫白打交紐　　　　　　　　木村庄之助
熨斗目麻上下
方屋上草履
紅紐　　　　　　　　　　　式守伊之助
熨斗目麻上下
方屋上草履
右同　　　　　　　　　　　木村庄三郎
紅緒　　　　　　　　　　　式守与太夫
方屋上草履　　　　　　　　木村庄五郎
右同　　　　　　　　　　　木村誠道

---

12) 臨時の紫房がどのような手続きを経て許可されたのかは不明である。吉田司家が黙認したとしても、その許可は必要だったはずだ。
13) 同じ「御請書」の写しは荒木著『相撲道と吉田司家』（S34、pp.126-8）にもある。

右同　　　　　　　　　木村庄次郎

紅白打交紐　　　　　　木村多司馬

方屋上足袋

右同　　　　　　　　　木村喜代治

右同　　　　　　　　　式守錦太夫

右同　　　　　　　　　木村嘉太郎

右11名ノ者共ヘ前書ノ通リ

御免許奉願候処、願ノ通リ御附与被成下難有奉頂戴候、依テ御請書差上候以上

　明治15年7月3日

　　　　　　　　　　　年寄　　伊勢ノ海　五太夫　㊞

　　　　　　　　　　　取締　　大嶽　門左衛門　　㊞

　　　　　　　　　　　同　　　中立　庄太郎　　　㊞

　　　　　　　　　　　年寄　　根岸　治三郎　　　㊞

　吉　田　善　門　殿　　　　　　　　　　　　　　　」

　なお。吉田司家の免許が必要なものとして明治15年（1882）6月13日付の「免許スヘキモノ左ノ如シ」という文書もある。その一部を次に示す。（字句や提示の仕方を少し変えてある。）

「　第一　　　黒無地団扇紐　紅熨斗目麻上下

　　第二　　　団扇紐紫白色打交

　　第三　　　上草履

　　第四　　　団扇紐紅白打交

　　第五　　　上足袋

　　第六　　　横綱

　　第七　　　持太刀

　右之通ニ候也

　　明治15年6月13日

　　　　　第23世追風

吉　田　　善門　㊞

　　伊勢ノ海五太夫　　殿

　　大嶽　　門左衛門　　殿

　　（途中の5名を省略する）

　　木　村　　庄之助　　殿

　　式　守　　伊之助　　殿

　　木　村　　庄三郎　　殿　　　　　　　　　　　　　　　」

　この「免許スヘキモノ」では「紫白」となっている。当時、「総紫」はな
かったし。木村庄之助や式守伊之助に授与される免許状でも「紫白打交」と
なっていた。

　「御請書」では具体的な行司名があり、その行司がどの房色でどの履物で
あるか具体的に示されている。それぞれの行司が御請書にあるとおりの房色
や履物だったかどうかだが、実態はそのとおりではなかったようだ。たとえ
ば、木村庄五郎（のちの瀬平）だが、草履を許されたのは、実際は明治18年7
月である[14]。また、木村誠道も草履を許されたのは、明治29年（1897）夏で
ある。なぜ2人の行司が御請書どおりでないのか、その理由はわからない[15]。

　それでは、明治15年頃の14代木村庄之助（M10.1〜M18.1）はどうだっ
ただろうか[16]。錦絵に関する限り、やはり御請書どおりになっていない。房

---

14)　明治17年3月の天覧相撲ではまだ足袋なので、その後で草履は許可されたことになる。

15)　他の行司も一人ひとり丹念に調べれば、「御請書」にあるとおりなのかどうか判明す
　　るが、本章では調べていない。木村庄五郎や木村誠道をその代表として取り上げて
　　ある。そして「御請書」どおりになっていないという判断をしている。

16)　式守伊之助は明治14年から明治16年5月まで不在だったり在位期間が短かったり
　　で、房色は紫になっていないはずだ。紫が問題になるとすれば、8代式守伊之助
　　（M17.5〜M31.1）である。この伊之助が紫白を許されたのは、明治30年1月であ
　　る（たとえば『万朝報』（M30.9.24）の「15代目木村庄之助死す」／『都新聞』
　　（M30.9.25）の「木村庄之助死す」など）。それまでは赤だった。

84

色はすべてと言っていいくらい赤である。

このように、「御請書」にあるように、14代木村庄之助は「紫」（厳密には「紫白」）でほとんど描かれていない。文字資料でもこの行司が紫を許可されたことを述べてあるものはない。すべて「赤」なのである。

なぜ14代木村庄之助が「御請書」にあるように「紫」を使用しなかったのか、その理由はわからない。吉田司家は協会の申請を受け入れ、それに対して許可していたのである。協会はそれに感謝の意を伝えている。この一連の手続きは公的な効力を持っていたはずだ。絵師は実際の行司の姿を見て、それを錦絵に描いたはずである[17]。実際は紫を使用していたのに錦絵には「赤」で描いたはずがない。文書としての「御請書」の場合、当時の相撲評論家や相撲好きがその存在を知らなかったということはありうる。当時、「御請書」を公的にしなかったことは大いにありうるからだ。しかし、協会関係者のなかにははその「御請書」に署名捺印をしたものも何人かおり、その文書の存在を知っていた。それにもかかわらず、14代木村庄之助は依然として「朱」のままだった。それはなぜなのか。

絵師は行司の実際の姿を見て、それを絵の中に描くわけだから、14代木村庄之助がやはり「赤」を使用していたことを疑う必要はない。「御請書」の日付は明治15年7月で、14代木村庄之助が亡くなったのは明治17年8月である。「御請書」どおりであれば、その間、ずっと「紫」を使用していたはずだ。錦絵の中にときたま間違った房色で描くことはあったかもしれないが、実際に紫を使用していたなら、やはりその色で描いたはずである。しかし、事実は錦絵のほとんどすべて「赤」になっている。これは疑うことができない事実である。

本章では、14代木村庄之助がなぜ「紫」を使用しなかったかについて答

---

17) 天覧相撲や上覧相撲のような特殊な相撲の場合は、もちろん、その相撲をじかに見ることはできない。その相撲に参加した人から様子を聞いて描くしかない。しかし、いわゆる勧進相撲なら、じかに見て描いているはずである。相撲の中で何を強調するかは絵師の判断である。

えを出すことはできない。ただなぜなのかと問うのがせいぜいである。文字資料にしてもそれが守られていないし、錦絵にしても文字資料と一致しない。どちらか一方が正しいというわけでもない。もし錦絵の「朱」が事実に即しているなら、「御請書」は偽りの文書になる。しかし、この「御請書」は吉田司家と相撲協会との間で交換した文書の一つである。すなわち、公的効力を持つものである。「御請書」が正しければ、錦絵はそれを反映していないことになる。

　本章では、14代木村庄之助はもっぱら赤で描かれているように扱ってきたが、それは必ずしも正しくない。というのは、「紫」で描かれた錦絵もあるからである。ただし、その数はものすごく少ない。

　・明治17年5月、「勇力御代之栄」、国明画、出版人・松本平吉。個人所
　　蔵。
　　　梅ケ谷と楯山の取組である。

　この錦絵では届け日の日付が「明治十　年　月　日」となっているので、具体的な年月は必ずしも明らかでない。しかし、これは明治17年3月の天覧相撲の取組を描いているようだ。その根拠は、楯山が明治17年5月に引退しているからである[18]。この取組を裁いたのは、14代木村庄之助である。軍配房は「紫」で描かれている。

　この「紫」の錦絵が何を意味するのだろうか。少なくとも2つの見方がある。

---

18)　この錦絵が別の天覧相撲の取組を描いている可能性もあるが、14代木村庄之助の「紫」は少なくとも明治17年3月頃に限定できる。明治15年以前の錦絵であれば、この庄之助が紫を授与された可能性はものすごく低いからである。しかし、この錦絵は明治14年5月9日、島津候別邸で行われた天覧相撲を描いた錦絵「豊歳御代之栄」を少し変えたものであることがわかった。これについては本章の末尾に補足説明をしている。

（1）この「紫」は事実に即している。

これが正しければ、木村庄之助は天覧相撲では「赤」でなく、「紫」だった。赤で描いてある錦絵は間違っている。

（2）この「紫」は事実に即していない。

これは絵師の勘違いで描いたものである。

どれが真実かはわからない。わずかでも「紫」があれば、それが真実だった可能性もある。しかし、その可能性を認めると、他の錦絵の「赤」が間違っていることになる。それにしては、「赤」で描いた錦絵が圧倒的に多い。絵師は軍配房の色にも敏感であり、見間違えるはずがない。さらに、文字資料でも14代木村庄之助が紫を授与されたとするものは、「御請書」以外にはない。この2つを考慮すれば、明治17年3月頃の木村庄之助は「赤」だったとするのが自然である[19]。そういう判断をすれば、もちろん、錦絵「勇力御代之栄」の「紫」は問題として残る。この「紫」をどのように扱えばよいのか、今のところ、わからない。もしかすると、この錦絵は明治17年3月頃に描かれたものではなく、明治20年代に入ってから想像で描かれたものかもしれない。そうなると、この木村庄之助は14代ではなく、15代庄之助である。15代庄之助は明治19年から明治20年にかけて紫を授与されている。

本章では、この錦絵「勇力御代之栄」を明治17年3月の天覧相撲を描いたものとして推測しているが、その推測そのものが間違っているかもしれない。この錦絵の日付が間違っていれば、木村庄之助の「紫」もまた扱い方が変わるに違いない。もし錦絵の日付が19年ないし20年以降であれば、木村庄之助は15代ということになる[20]。14代は明治17年8月に亡くなっている

---

19) 新聞記事などでも14代木村庄之助は紫房を許されていない〔たとえば『報知新聞』（M32.5.18）の「行司の紫房、司家より庄之助らに許可」〕。

20) 紫を許された本場所をもっと具体的に指摘すれば、19年5月場所か20年1月場所である。当時は、年2回、基本的には1月と5月に本場所は開催されている。

からである。これらの問題が未解決であることを指摘しておきたい。

6. 15代木村庄之助

　15代木村庄之助が「紫」を使用していたことは当時の新聞や本などで確認できる。まだはっきりしないのは、その紫をいつ許されたかである。ここでは2つの新聞記事を示し、その真偽を調べることにする。

　・『読売新聞』の「相撲行司木村庄之助死す」（M30.9.24）
　　「（著者注：木村庄之助は）明治16年中、15代目庄之助を継続し、縮緬熨斗目麻上下着用、木刀帯用、紫紐房携帯を許され、（後略）」

　・『東京日日新聞』の「相撲行司の軍配」（M32.5.18）
　　「相撲行司の軍配は元来赤房が例なりしが、13代目木村庄之助のとき初めて肥後司家吉田追風のより紫白の免許を請け、熨斗目麻上下は8代目式守伊之助のとき初めて同家よりの免^{しるし}を請けし次第にて、一昨年死去せし15代木村庄之助は同家より紫房の免^{ゆる}しをうけ、梅ケ谷、西の海、小錦の三横綱を右の軍配にてひきしことあり。」

　文書資料が常に事実を記述しているわけではない。このことをまず認識しておかなくてはならない。このことはどの文書でも言えることだが、ここでは、次の2つに焦点を当てる。

（1）15代木村庄之助は「明治16年（1883）中」から紫を使用していたか。
（2）15代木村庄之助は紫を使用して横綱梅ケ谷の土俵入りを引いたか[21]。

　まず、紫房をいつ許可されたかについて調べてみよう。この記事は次の2つの点から問いかけることができる。

第3章　文字資料と錦絵

(1) 15代木村庄之助は明治16年に木村庄之助を継承し、同時に紫を許可
されたのだろうか。

(2) 15代木村庄之助は16年に木村庄之助を継承したが、紫は後で許可さ
れたのだろうか。

つまり、問題は記述された「16年中」がどれにかかっているかである。
これは、表現のあいまいさから生じる問題である。これに対する答えは、他
の資料から得られる。15代木村庄之助が紫を許可されたのは、木村庄之助
を襲名した後である[22]。襲名と同時ではない。

15代木村庄之助が明治16年頃、紫を許されていないことは示す文字資料
がある。

・塩入編『相撲秘鑑』（M19.3）[23]

「問い　　行司の団扇に真紅之紐を用いるのは誰々か。

　答え　　団扇に真紅の紐を用いるのは甚だ重いことで、昔は木村庄之助と式
守伊之助の二人だけだった。が、今より四年ほど前に大関三人（境
川、楯山、梅ケ谷）三組となり、地方巡業へ出ることになった。大
関に対して行司一人に差し支えたので、そのとき初めて格別の協議
をし、今一人に真紅の紐と草履とを許すことにした。しかし、今で
は前のごとく木村、式守の二人だけになった。」（p.30）

21)　15代木村庄之助が木村庄三郎（4代）を名乗っていたとき、梅ケ谷の横綱土俵入り
を引いていたことは確かだ。そのときの房色は赤だった。それは明治17年3月の天
覧相撲を描いた錦絵や『読売新聞』（M30.9.24）の「相撲行司木村庄之助死す」な
どでも確認できる。ここで問題なのは、紫房を許されてから、梅ケ谷の横綱土俵入
りを引いたかどうかである。横綱梅ケ谷が引退したとき、木村庄之助は15代木村庄
之助を襲名していただろうか。また、そのとき、紫房を許されていただろうか。

22)　木村庄三郎（4代）が木村庄之助（15代）を襲名したのは明治18年5月である〔た
とえば『読売新聞』（M18.5.12）の「回向院相撲」〕。

23)　読みやすいように、表記を少し変えてある。原文に関心があれば、原書『相撲秘鑑』
を直接参照すること。

89

明治19年当時、15代木村庄之助が緋房だったことがわかる。この行司が
「明治16年」に紫でなかったことも確認できる。『相撲秘鑑』では、明治19
年3月当時、木村庄之助と式守伊之助だけが緋房だったような書き方をして
いるが、それが事実を述べているかどうか定かでない。他の行司は誰も緋房
を許されていなかっただろうか。これはもう少し検討する必要があるかもし
れない。ここで強調しておきたいことは、木村庄之助は明治19年3月当時、
紫房ではなかったことである。

　さらに、明治18年6月ごろまで木村庄之助が赤だったことは錦絵でも確認
できる。

① 明治18年6月届、「横綱梅ケ谷の土俵入り」、国明画、出版人山本与
　市、相撲博物館所蔵。
　露払いは友綱、太刀持ちは大鳴門で、木村庄之助は赤である。

　錦絵の届け日が明治18年6月となっていることから、この錦絵は15代木
村庄之助を襲名した5月場所の土俵入りを描いたものである[24]。明治20年2
月の日付がある錦絵では木村庄之助は紫で描かれているので、この紫は明治
19年5月場所か20年1月場所に許されているに違いない[25]。明治20年以降
で紫が描かれている錦絵をいくつか次に示す。

② 明治20年2月届、「華族会館角觝之図」、国明筆、松本平吉版、相撲博

---

24) この錦絵の木村庄之助は日付から15代だと判断してあるが、これが本当に15代なの
　かどうかは検討する必要があるかもしれない。つまり、14代の可能性はまったくな
　いのかということである。これに関してはその可能性をまったく否定しないが、こ
　こでは錦絵の日付を信頼し、15代として判断する。
25) 塩入編『相撲秘鑑』（M19.3）では赤房であり、錦絵「華族会館角觝之図」（M20.2）
　では紫房だからである。明治19年5月場所の錦絵が見つかり、それに紫で描かれて
　いれば、その場所で紫は許されたことになる。もし赤で描かれていれば、紫は20年
　1月場所で許されたと判断してよい。

第3章　文字資料と錦絵

物館所蔵。

剣山と大達の取組で、木村庄之助は紫である。

③　明治21年4月届、「弥生神社天覧角觝之図」、国明筆、松本平吉版、相撲博物館所蔵。

一ノ矢と大鳴門の取組で、木村庄之助は紫である。

④　明治21年12月届、「弥生神社天覧角觝之図」、国明画、松本平吉版、相撲博物館所蔵。

剣山と西ノ海の取組で、木村庄之助は紫である。

　15代木村庄之助の紫は明治19年3月から20年2月にかけて許されたはずだが、それを確認できる文書資料と錦絵はまだ見ていない[26]。いずれにしても、文書資料と錦絵を参照することによって、15代木村庄之助の紫が許された時期を確認することができた。

　ついでに、錦絵だけを見ると、誤った判断をする可能性のある事例を1つだけ取り上げる。

⑤　「靖国神社臨時大祭之図」（明治28年11月付）。

　横綱西ノ海の土俵入りを描いた錦絵で、木村庄之助は赤である。

　これは年月を見れば、木村庄之助の赤は正しくないことがわかる。木村庄之助は少なくとも明治20年には紫になっていたからである。明治28年の錦絵であれば、紫でなければならない。この錦絵とまったく同じものがある。

・「延遼館小相撲天覧之図」、明治24年5月印刷、勝月画、発行者長谷川、相撲博物館所蔵。

---

26)　もっと多くの文書資料や錦絵を調べれば、具体的な時期を確認できるはずだ。これをまとめている段階では、残念ながら、幸運に恵まれなかった。これは今後の課題として残しておきたい。

露払いは一ノ矢、太刀持ちは鬼ケ谷で、木村庄之助は赤である。

　この錦絵でも木村庄之助は赤になっている。同じ錦絵でありながら、画題が異なっている。明治28年版を最初に見てしまうと、何かおかしいと気づくが、複製であるかどうかはわからない。たまたま同じ錦絵に遭遇して初めて複製であることに気づくのである。明治24年版の錦絵でも木村庄之助は赤になっているが、なぜ「紫」に修正しなかったのか不思議である[27]。

7. 今後の課題

　軍配の房色や草履の研究では、文字資料も錦絵も重要な資料である。両者は相互に補完的である。いずれも参照しながら、事実を確認することが大切である。文字資料で得られないものが錦絵で得られることがあるし、その逆の場合もある。本章では、そのような事例をいくつか見てきた。本章で解明できなかった問題点を今後の研究のために指摘しておきたい。

(1) 5代木村庄之助に授与された免許状に草履のことが述べられているが、それは正しいかどうかはやはりもっと深く吟味する必要がある。本章では、草履は天明7年を境にして、それ以前は草履を履かず、その後は履くようになったとしているが、それが本当に正しいかどうか調べなくてはならない。

(2) 9代木村庄之助が文政8年から10年の間に紫を許可されたことは疑いないが、具体的な年月を特定できなかった。文字資料はもちろん、錦絵も少ないからである。しかし、もっと深く調べると、具体的な年月が特定できるかもしれない。

(3) 13代木村庄之助は元治元年冬場所に紫を授与されたはずだと本章で

---

27)　ちなみに、西ノ海の横綱在位期間は明治23年3月から29年1月までである。

第3章　文字資料と錦絵

は指摘しているが、それが正しいかどうかはもっと調べなくてはならない。絵番付ではなく、錦絵がないかどうか調べる必要がある。

(4)　本章では、6代式守伊之助の紫を裏づける錦絵を一つも提示できなかった。紫は文字資料から推測しただけである。6代式守伊之助はどのくらいの期間、紫を許可されたのだろうか。それは横綱土俵入りのときだけだったのか。横綱土俵入り以外は紫を許可されていなかったのだろうか。紫を描いてある錦絵はないのだろうか。

(5)　明治15年7月付の「御請書」を公的な効力を持つ文書だと本章では扱っているが、実際はどうだっただろうか。行司は「御請書」にある房色に従っていない。これはなぜなのだろうか。14代木村庄之助は「紫白」の許可を受けているのに、錦絵すべてと言っていいくらい、「赤」で描かれている。なぜなのか。これは究明する必要がある。

(6)　15代木村庄之助の紫は明治19年から20年にかけて許されたと指摘したが、これは正しい指摘だろうか。文字資料や錦絵を正しく解釈しているだろうか。たとえば、「梅ケ谷横綱土俵入りの錦絵」には明治18年6月の日付が書かれているが、それはそのまま信頼してよいのか。それから、その土俵入りは18年5月場所の場面を描いたものだろうか。それ以前の場面を描いたものではないだろうか。14代木村庄之助の可能性はないだろうか。そういう疑問をすべて解消するためにはもっと研究しなければならない。

本章でもこれらの疑問に対して回答を与えるように努めたが、残念ながら満足のいく回答を与えられなかった。その大きな理由は、求めている文字資料や錦絵の不足である。私個人の資料には限度がある。資料を所蔵しているにもかかわらず、肝心の箇所を見落としていることもある。このように、どのくらいの期間、問題点を明確にしておけば、いつかは解明できるかもしれない。そういう願望を持ちながら、具体的な問題を列挙した。列挙した問題点の解明に文字資料や錦絵がいつかきっと見つかるはずだ。

8.【追記】 錦絵「勇力御代之栄」について

　校正段階でわかったことだが、錦絵の年代確認がかなりはっきりしてきたものがある。本章では、錦絵「勇力御代之栄」を明治17年3月頃かそれ以降に描かれたものかもしれないと指摘したが、実は明治14年5月頃に描かれたものが元になっていることがわかった。明治14年5月9日に島津候別邸で天覧相撲があり、それを描いた錦絵「豊歳御代之栄」（安次画、相撲博物館所蔵）がある。2つの錦絵「豊歳御代之栄」と「勇力御代之栄」を見比べると、驚くほど酷似している。つまり、「勇力御代之栄」は「豊歳御代之栄」を一部変えた改作なのである。絵師は異なるが、図柄はほとんど同じで、木村庄之助はいずれも紫である。取り組んでいる力士も同じだが、若嶋が楯山に改名している。

　なぜ木村庄之助（14代）が2つの錦絵で紫になっているかはわからない。天覧相撲のために、特別に紫を使用したのだろうか。もしそうであれば、明治17年3月の天覧相撲を描いた錦絵でも紫で描かれていてよいはずだが、赤が圧倒的に多いのである。それから、明治15年以降に描かれた本場所の錦絵を見ても、すべてと言っていいくらい赤で描かれている。すなわち、本場所でも天覧相撲でも木村庄之助は赤を使用している。そうなると、明治14年5月の「豊歳御代之栄」（安次画、相撲博物館所蔵）と日付がはっきりしない「勇力御代之栄」（国明画、相撲博物館所蔵／個人所蔵）の紫はやはり謎として残る。力士の一人荒嶋が楯山に改名したのは16年6月で、17年5月に引退していることから、この錦絵はその間に「豊歳御代之栄」を基にして描かれたことになる。本章では、校正段階で2つの錦絵が酷似していたことから、幸いにもその描かれた年月をかなり絞り込むことができたが、なぜ木村庄之助（14代）が紫を使用していたかは依然としてわからないのである。

　このように、錦絵の年月が必ずしも実際の年月を反映していないことがある。その絵に描かれている情報を手がかりに実際の年月を確認しなければな

第3章　文字資料と錦絵

らないが、その情報を正しく読み取れない場合がある。この「勇力御代之栄」もその一つであった。校正段階で「豊歳御代之栄」の存在に気づいたことから、それを手がかりにし、「勇力御代之栄」の推定年月にも誤りがあることがわかった。そのため、本文を改めて書き換えるべきかどうか迷った。しかし、本文を書き換えることなく、あえてそのままにし、このように補足説明を追加することにした。なお、この2つの錦絵については第1章の「4.3　明治17年の天覧相撲の錦絵」でも取り上げている。

カバーの錦絵「勧進大相撲取組之図」について

　本書のカバーに掲載している錦絵「勧進大相撲取組之図」だが、年月の暦年が不鮮明のため、29年と39年のうち、いずれなのかが必ずしも明白でない。力士の配列順序は29年5月場所と39年5月場所とも一致しないし、他の本場所とも一致しない。しかし、他に手掛かりがないわけではない。それは力士と行司の改名である。すなわち、取組の一方の力士・鳳凰は明治36年1月に宮城野に改名にしている。さらに、控え行司・木村亘りは明治31年5月に木村庄太郎に改名している。この2名の改名時期を考慮すれば、この錦絵は明治29年6月とするのが正しいことになる。

　なお、この錦絵では式守伊之助の房色は必ずしも判別できない。軍配の下方に赤色が少し認められるが、それが房色なのかどうかがわからない。この8代式守伊之助は明治30年2月に紫を許されているので、明治29年6月の錦絵であれば赤色に描くのが事実に即しているはずだ。しかし、それを錦絵では必ずしも断定できないのである。もし房色が赤でなく、紫だとすると、この錦絵の年月に問題があるかもしれないし、式守伊之助がなぜ紫なのかを再吟味する必要がある。8代式守伊之助は明治30年12月に亡くなった（54歳）が、錦絵ではあまりにも若々しく描かれている。この若い描写は気になるが、力士と控え行司の改名を考慮すれば、やはり明治29年6月とするのが自然である。

第4章　番付の行司

1. 目的

本章では、明治30年代から昭和30年代までの番付を中心に、番付からはどんな情報が得られ、どんな情報が得られないかを調べる[1]。主として、次のような点を見ていく。

(1) 行司は番付にどのような方式で記載されてきたか。

(2) 誰が紫白を許され、誰が許されていないか、番付で見分けることができるか。

(3) 誰が草履格で、誰がそうでないか、番付で見分けることができるか。

(4) 明治43年（1910）5月以降、紫白と総紫を番付で見分けることができるか。

(5) 同じ階級の行司が同じ段に記載されるようになったのはいつか。

なぜ明治元年（1868）ではなく、明治30年代を起点にして調べたかといえ

---

1) 明治35年（1902）5月以前の番付で得にくい情報としては、たとえば、階級と房色の関係や階級と草履の関係がある。この関係を番付の記載から判別できるか否かが本章で調べる主なポイントになる。行司間の席順は番付を見れば即座にわかることなので、あえて調べない。本章では番付記載の概略を扱うので、各行司の階級と房色や草履に関する詳細についてはあまり触れない。なお、「1月場所」や「5月場所」は「1月」や「5月」とだけ記すこともある。

ば、16代木村庄之助以降の立行司なら、草履と紫白の許可年月がある程度はっきりわかっているからである[2]。それ以前の立行司の場合、草履と紫白の許可年月を資料でなかなか確認できないことがある[3]。許可年月が明確であれば、それを番付と比較することができる。それで得た情報を基にすれば、それ以前の立行司の草履や紫白の許可年月がわかるかもしれない。

　本章では番付最上段と2段目中央の太字行司を中心に扱うので、現在の三役以上の行司が主な対象となる。その行司が番付でどのように記載され、その記載から草履や房色が見分けられるかを調べるのである。幕内格以下の行司についてはほとんど触れない。

　説明の便宜上、行司をまとめて呼ぶとき、次の名称を用いる。

(1)　**(中央) 太字行司**：最上段と2段目で、太字で記載された行司。
　　　最上段の場合、太字は「立行司」だが、2段目の太字は「立行司」でない場合もある。
(2)　**(両脇) 細字行司**：最上段と2段目で、太字の両側または片側に細字で記載された行司。細字でも席順によって字の太さや大きさが明らかに異なる場合がある。その区別を表したいときは、さらに二分する。
　　(a)　**中型細字行司**：細字の中で太めの字で書かれた行司。
　　(b)　**小型細字行司**：細字の中で薄い字で書かれた行司。
　　「中型細字」と「小型細字」は必ずしも厳密に区分できない場合があ

---

2)　上位行司の草履、紫白、総紫の許可年月はいろいろな資料の中から見つけなければならないが、たとえば、拙稿「緋房と行司」(H19)、「明治43年5月以前の紫房は紫白だった」(H20)、「明治43年以降の紫白房と紫房」(H20) などにもそのような資料はいくらか示してある。明治30年以前は資料がかなり少なく、年月が確認できない場合が多い。それ以降は資料も比較的多いが、それでもまだ確認できていないものがある。

3)　「立行司」という用語がいつから使われだしたかについて詳しいことは知らないが、少なくとも明治25年には使われている。たとえば、『読売新聞附録』(M25.5.18) の「相撲行司木村庄之助帰京す」の項に「東京大相撲立行司木村庄之助は予ねて (後略)」という記事の中でそれを確認できる。

第4章　番付の行司

る[4]。

(3) **立行司**：最上段中央と2段目中央の太字行司。

　　最上段と2段目に立行司を分けて記載してあれば、中央太字が両方とも立行司を表す。

(4) **三役行司**：中央太字の立行司を除いた草履格の行司。

　　一般に、中型細字で記載された行司である。「立行司」も「三役行司」として扱われることがあるが、原則として「三役行司」は中央太字を除いた行司である。「三役行司」の代わりに「准立行司」を用いることもある[5]。もちろん、「三役行司」と「准立行司」は時代によって房色や草履の有無で違いがあるが、時代的背景を考慮すれば、その違いはそれほど問題ではない。

　現在の番付には中央に行司欄があり、行司の階級や席順だけでなく、房色や草履を履いているかどうかがわかる。もちろん、これらの情報がすべて、番付にじかに書いてあるわけではない。情報を読み解く知識の補足が必要である。しかし、それはちょっとした知識で十分である。たとえば、行司の階級を知るには、どんな階級があるかを知っていればよい。房色を知りたければ、どの階級はどの色であるかを知っていればよい。また、草履を履いているかどうかを知りたければ、どの階級から草履が許されているかを知っていればよい。

　それでは、明治期や大正期の番付の場合も現在の番付に関する知識があれば、同じような情報を得られるだろうか。実は、得られるものとそうでない

---

4)　細字行司が明確に二分できれば問題ないが、残念ながら、そのような二分はできないことがある。細字行司が3人以上であれば、区分がかなりはっきりしている場合が多いが、2人の場合、必ずしもそうではない。微妙な字のサイズが席順を表していることはわかるが、「中型細字」と「小型細字」の区別が常に明確ではないのである。

5)　「草履格」は「格草履」としてもよい。そのほうが、昭和20年代の呼び方と一貫性がある。しかし、本章ではあえて「草履格」とした。明治期の「草履格」は必ずしも「緋色」とは限らなかった。

ものがある[6]。たとえば、明治43年5月以前は、緋房の草履は横綱土俵入り
を引くことができた。そのような資格のある行司は番付でわかるだろうか。
すなわち、番付を見れば、草履を許されている行司とそうでない行司は見分
けられるだろうか。

　明治期から現在まで、番付の記載の仕方は幾度も変化している。番付の表
し方も一様でない。「三角形」のときもあるし、「平板形」のときもある[7]。
立行司と三役行司が同じ段で一緒に記載されることもあるし、別々の段で記
載されることもある。同じ三角形であっても、席順の表し方が変わることも
ある。また、同じ段に異なる階級の行司が記載されていることもある。しか
もその階級を区別するスペースがない。しかし、行司の席順はいつの時代の
番付でも明確である。すなわち、どの行司がどの席順かは番付をみれば、す
ぐにわかる。

　軍配の房色は階級色を表すが、明治43年5月の行司装束改正を境にして変
化したものがある[8]。たとえば、それまで紫白は名誉色だったため、許され
る者もいればそうでない者もいた。そのため、どの行司が紫白を許され、ど
の行司がそうでないか、また、いつ許されたのか、番付ではまったくわから
ないことがある。予備的な知識があっても、紫白に関する情報を番付で見つ
けることはできない。しかし、明治43年5月以降は、木村庄之助は総紫、そ
れ以外の立行司は紫白となった。それでは、そのときを境にして番付ではき
れいに総紫と紫白を区別して記載するようになっただろうか。紫白房の行司

---

6)　明治期の行司に関しては、まだわからないことがある。たとえば、立行司の階級色は
　　原則として緋色だが、実際には紫白も授与されていた。それが何を基準にして授与さ
　　れたのかはわからない。三役行司が何を基準にして草履を許されたのかもはっきりし
　　ない。

7)　三角形は中央を中心に配列する方式であり、平板形は右から左へ配列する方式であ
　　る。前者は山形や傘形、後者は平行型や並列型というように、名称は必ずしも決まっ
　　ていないようだ。

8)　公式には明治43年5月となっているが、実際は明治42年の国技館開館後には行司の
　　階級色を話題にしている。当時の新聞記事でそれを確認できる。しかし、階級色を
　　大々的に報道したのは明治43年5月である。

第4章　番付の行司

と緋房の行司は番付を見るだけで、簡単に見分けられるのか。そのような見分けはいつから始まっただろうか。

2. 番付の席順

番付では、その見方さえ知っていれば、行司の席順を知ることができる。席順の表し方は明治以降、幾度も変化している。どのように変化してきたか、その主なものを見てみよう。

(1) 明治初期から大正末期まで（図1、図2）

最上段や二段目は三角形になっている。その席次は基本的に次のような順序である[9]。丸数字は席順を表す。

(a) 最上段の太字：① 右　② 左。
　　1人のときは中央に記載する。その場合は2段目の太字が第二席になる。
(b) 2段目の太字：③ 中央。
　　1人のときは中央に記載する。一般に、2段目の太字は1人である。
(c) 最上段の両脇細字：④ 右　⑤ 左。

図1　　　　図2

---

[9] 明治期の番付については傘形を基本としている。行司の席順記載は細かく見ていけば、記載の仕方には違いがある。どのような違いがあったかは実際の番付を細かく見ていくとよい。本章では、どちらかと言えば、大正期以降に重点を置いて調べてある。たとえば、明治10年（1877）1月から明治13年5月までの番付では式守伊之助が首席だったので、その伊之助が木村庄之助の右側に記載されている。このときは平板形で最上段に立行司を二人記載したので、伊之助が主席であることがすぐわかる。また、明治31年1月の番付では式守伊之助が木村庄之助の右側に記載されている。この（8代）式守伊之助は12月に亡くなり、「死跡」扱いとなっているからである。

101

数が奇数の場合、普通、最後の行司は左側に記載する。したがって、1人の場合は中央の左側、3人の場合は3人目を左側の端に記載する。偶数の場合は右、左と交互に記載する。この方式は2段目の両脇細字行司の場合も同じである[10]。

立行司が2人の場合は、最上段中央と2段目中央にそれぞれ1人ずつになる。もちろん、最上段が主席、2段目が第二席である。

立行司が3人の場合は、最上段に2人、2段目に1人となる。席次は、最上段の右側が主席、左側が第二席、2段目の太字が第三席である。

2段目の立行司より席次が低い行司は、偶数の場合、最上段の太字を中心に上位を右側、下位を左側に、交互に記載する。したがって、右、左というように、席次は高いほうから低いほうへと記載する。奇数の場合、最後の行司を左端に記載する[11]。

明治期から大正10年（1921）5月まで太字の立行司は基本的に3人以上を越えることがなかった[12]。すなわち、真の立行司は第三席までなので、最上段中央に2人いることもあった。最上段に1人、二段目に2人という記載の仕方はない。

---

10) 行司の数が偶数と奇数とでは記載の仕方が少し違うが、本章では記述の簡略化のため、右を高いほうの席順、左を低いほうの席順として述べている。偶数の場合はこれで問題ないが、奇数では最後の行司を左端に記載しなければならない。この方式を知っていないと、何かおかしいのではないかという疑問が生じかねない。

11) 奇数の場合、実際は必ずしも左側にだけ記載されるとは限らない。右側に記載されることもある。席順は左右どちらであっても、すぐ見分けがつく。右左の順に見ていけばよいからである。下位行司を左・右のどちらに記載するかについてどういう基準があったかは定かでない。

12) 明治43年5月には木村庄之助と式守伊之助に加えて木村庄三郎も立行司だが、木村庄三郎は第三席の立行司である。第三席の立行司は基本的に「准立行司」としての扱いを受ける。しかし、この木村庄三郎は式守伊之助同様に「真紫白」であった。昭和2年の木村玉之助は第三席だが、その房色は「半々紫白」だった。木村庄之助と式守伊之助以外の「准立行司」については、本書の第2章でも扱っている。

(2) 大正11年1月場所と大正11年5月場所（図3）

　(a) 最上段の太字：① 右　② 左。

　　太字の立行司2人を最上段に右、左と記載している。すなわち、立行司を最上段と2段目に分けて別々に記載していない。最上段の太字は2段目の太字より骨太で、大きい。

　(b) 最上段の細字：③ 右　④ 左。

図3

　　2段目にはその段の上位2人を中心に、次席行司を右、左と交互に記載する。両脇細字行司は2人で、一見して右側がやや太めで大きい。そのため、中型細字と小型細字の区別がはっきりしないが、どちらも「中型細字」を表しているようだ。というのは、左側の式守与太夫は大正3年（1914）1月には「草履格」になっているからである。

　(c) 2段目の太字：その段の中で上位2人を中央に⑤右、⑥左に記載している。

　　その2人を中心に右、左というように、席順の高いほうから低いほうへ交互に記載してある。2段目の行司でも席順によって字のサイズが異なる。

　この方式は2場所だけで終わっている。なぜこのような変更を行ったかはわからない。大正11年5月には、2段目の太字は木村庄三郎1人になったが、その段の最上位として中央に記載されている。この木村庄三郎は第三席の「立行司」ではない。2段目に記載されている行司の中では最上位である。

(3) 大正12年1月から大正13年1月まで

　(1)の方式に戻っている。

(4) 大正13年5月から大正15年5月まで
　　(2)の方式に戻っている。

(5) 大正15年1月と大正15年5月（図4）

　(a) 最上段の太字：これは傘形である。立行司を上段に2人記載する場合は、式守伊之助を木村庄之助の右側に記載する。傘型では字の大きさを変える。

　(b) 上位の両脇細字：第三席の式守錦太夫は木村庄之助の左側に1人記載してある。この行司は立行司木村庄之助と式守伊之助と比較し、明らかに小さく、細めである。

　(c) 2段目：式守勘太夫が2段目では最上位である。この行司を中心にし、席順の高いほうから低いほうへ右、左と交互に記載してある。

図4

大正14年5月場所までは右側に木村庄之助、左側に式守伊之助とあり、字の太さや大きさもほぼ同じだったのに、大正15年1月には木村庄之助と式守伊之助を明確に区別している。木村庄之助を主席、式守伊之助を第二席として区別するために、このような方式に変えたのかもしれない。

(6) 昭和2年（1927）1月場所から昭和6年1月場所（図5）

基本的には、(5)の方式であるが、異なる点が一つある。つまり、立行司と三役格を別々の段に記載してある。

　(a) 最上段の太字：① 中央に木村庄之助　② 右側に式守伊之助　③ 左側に木村玉之助。
　　　3名とも立行司だが、太字と言っても、中央、右側、左側の順に字の大きさが小さく、太さが細くなる。中央の立行司を中心に右、左という順に交互に記載しているが、同時に字のサイズでも席順に差をつけ

図5

104

ている。
(b) 2段目：その段の中では、中央に最上位が記載される。それを中心に右、左というように、席次の高いほうから低いほうへ交互に記載する。したがって、各段の席次もひと目でわかる。

　最上段では中央の木村庄之助が主席、その右が式守伊之助で第二席となり、左の木村玉之助が第三席となる。2段目では中央に記載されている行司がその中では上位である。それを中心に右、左というように席次が決まる。昭和6年1月までは三角形で記載しているので、席次は右、左というように交互に見ていけばよい。しかし、この方式は昭和6年1月で一時途絶える。
　昭和2年1月から昭和7年1月までの番付では、2段目と3段目の記載がやや複雑である。席順は明確だが、房色が必ずしもはっきりしない。たとえば、2段目に記載されている行司が全員三役であれば、房色も全員「朱」であるはずだが、事実は異なる。つまり、2段目に朱房と紅白房が混在しているのである。さらに、3段目にも幕内格が記載されている。そうなると、紅白房の行司が別々の段に記載されていることになる。

(7) 昭和6年5月場所から昭和7年2月場所（図6）
　これまでの番付は三角形だったが、この場所から席順を右から左へ記載する「平板形」になっている。各段はそれぞれの段で右から左を見ていけば、席順がわかる。
　(a) 最上段：立行司のみ。
　(b) 2段：三役のみ。

　昭和6年5月番付で、木村玉之助が2段目に記載されている。木村玉之助はこれまで立行司だったし、昭和7年5月以降も立行司として最上段に記載されていた。しかし、昭和6年5月場所だけ、2段目に格下げされている。何か格下げした理由があるはずだが、残念ながら、わからな

図6

105

い。木村玉之助は2段目に記載されているが、紫白房（厳密には半々紫白）をそのまま使用していた。すなわち、立行司としての地位は維持したままで、緋房行司とともに2段目に記載されている。この木村玉之助は翌場所（つまり昭和7年1月場所）、最上段に第三席の立行司として復帰している。いずれにしても、この場所から記載の方式が「平板形」になっている[13]。

(8) 昭和7年5月場所

この場所は(6)の方式に戻っている。つまり、三角形である。各段でそれぞれ上位を中央に記載し、それを中心に右、左というように、席次の高いほうから低いほうへ交互に記載している。

(9) 昭和8年1月場所（図7）

この場所の番付は、(7)の平板形である。春秋園事件のとき、脱退した力士が復帰したため、「別番付」も作られている[14]。結果として「二枚番付」になったが、「別番付」では行司は一人も記載されていない。したがって、本章では大型版の番付だけが対象になる。

最上段には立行司のみが記載されているが、2段目には緋房と紅白房が記載されている。階級はスペースで区別している。すなわち、右側が三役格で、左側が幕内格である。

図7　　　　図8

---

13) 昭和7年には1月と2月にそれぞれ番付が発表されている。1月場所の番付では本場所を開催できなかった。いわゆる「春秋園事件」があり、多くの力士や行司が脱退したからである。残った力士や行司で番付を編成し、2月に新しい番付で本場所を行っている。
14) この番付は小さな1枚の用紙に力士を記載したものである。本場所の番付作成時に間に合わなかったため、急きょ、別刷りで用意したものである。

第4章　番付の行司

(10) 昭和8年5月場所から昭和22年 (1947) 1月場所まで (図8)

これは (6) の方式である。すなわち、三角形で、各段にそれぞれの上位を中央に記載する。それを中心に右、左というように、席次の高いほうから低いほうへ交互に記載する。

(11) 昭和22年6月場所 (図9)

これは新しい方式である。一見、(1) の方式に似ているが、立行司の記載の仕方が違う。

　(a) 最上段の太字：　① 右に木村庄之助
　　　　　　　　　　　③ 左に木村玉之助
　(b) 二段目の太字：　② 中央に式守伊之助
　(c) 最上段の両脇細字：④ 木村庄之助の右
　　　　　　　　　　　⑤ 木村玉之助の左

図9

最上段に記載されている木村庄三郎と木村正直は三役格だが、この場所から草履を履くことが許された。緋房なので、本来なら、2段目に記載されるはずである。しかし、「格草履」の三役格は草履を履かない三役格と違うため、昔の方式を見習ったかもしれない。(1) の方式であれば、最上段に木村正直と式守伊之助、2段目の中央に木村玉之助をそれぞれ記載するが、この番付ではその方式を採用していない[15]。

(12) 昭和22年11月場所から昭和26年1月場所まで (図10)

番付記載は、基本的には、(6) の方式である。先場所の番付で、最上段に記載してあった木村庄三郎と木村正直が2段目に格下げされている。同時

---

15) 番付記載からはこの場所で木村庄三郎と木村正直に草履を許されたことはわからない。何か変化があったらしいことを推測できるだけである。草履が許されたことは他の資料などから確認できる。

107

に、中央で右側に木村庄三郎、左側に式守正直が記載されている。これは珍しいケースである。木村庄三郎と木村正直は字の太さと大きさで少し違うように見えるが、その違いはそれほど重要ではない。もし2人の間で席次が違うのであれば、木村庄三郎を中央に大きく記載し、その右側に木村正直を記載すればよいからである。しかし、その方式を取らず、中央に2人を記載する方式になっている。残りの行司は2人を中心に右、左というように、席次順に交互に記載してある。

図10　　　　図11

(13) 昭和26年5月場所から昭和34年11月まで（図11）

これは、基本的に、(6)の方式である。
(a) 最上段の太字：　① 右側に木村庄之助
　　　　　　　　　② 左側に式守伊之助
(b) 最上段の両脇細字：③ 太字の右側に木村玉之助
　　　　　　　　　　　④ 太字の左側に木村庄三郎
(c) 2段目：中央に太字が2人いる場合もあるし、1人の場合もある。
中央の太字を中心に右、左、右、左というように、三角形で席順に記載する。

最上段に立行司が4人記載されているが、2人は「副立行司」である。それは字の太さや大きさで区別している。昭和26年5月に副立行司の制度が新しく設けられたが、昭和34年11月まで続き、翌年（つまり35年）1月から廃止になった。

第4章　番付の行司

(14) 昭和35年（1960）1月場所から現在まで

昭和35年1月場所の番付は、基本的に、(7)の方式である。すなわち、席
順が平板形に記載されている。

(a) 最上段の太字：　　① 右側に木村庄之助　　② 左側に式守伊之助
(b) 最上段の両脇細字：③ 三役行司。席次の高い方から右から左へと記
　　　　　　　　　　　　載する。

最上段の立行司が木村庄之助と式守伊之助だけになっている。これは副立
行司を廃止したからである。昭和35年1月場所以降、階級の変化はなかった
が、階級を記載する方法には変化がいくつか見られる。その原因は、主に立
行司の有無と関係する。すなわち、立行司は原則として2人だが、場所に
よって1人の場合もあるし、2人ともいない場合もある。そのために、記載
の仕方が一定していない。その事例をいくつか示しておこう[16]。

(1) 昭和47年（1972）3月場所：最上段に式守伊之助と三役行司が一緒に
　　記載されている[17]。この方式は昭和59年11月まで続いた。この3月
　　場所以降、ときどき、木村庄之助と式守伊之助のどちらかが空位にな
　　ることがある。
(2) 昭和49年1月場所：最上段に木村庄之助、式守伊之助、その左側に三
　　役行司というように一緒に記載されている。立行司と三役行司の間に
　　スペースはないが、字の太さと大きさは明らかに異なる。
(3) 昭和60年（1985）1月場所：立行司と三役行司が別々の段に記載され
　　る。上段は立行司のみ、2段目は三役行司のみとなる。字の太さやサ
　　イズも異なるが、これで階級が明確に区別できる。
(4) 平成6年（1994）1月場所：最上段に三役行司だけ記載されている。

---

16)　本章では、昭和35年1月以降の番付に関しては深く立ち入らない。記載の仕方は常
　　に一定だったのではなく、幾度か変化していることを指摘しておきたい。
17)　昭和47年5月までは木村庄之助がいなくなると、それを補充するのが普通だった。

この1月場所と3月場所は立行司が一人もいなかった。木村庄之助と
　　式守伊之助が同時にいなくなったのは、この場所が初めてである[18]。
(5)　平成6年5月場所：最上段に式守伊之助だけ、2段目に三役行司が記
　　載されている。平成13年5月場所も同じ。

　　立行司が2人いる場合でも、三役行司と一緒に記載することもあるし、最
上段と2段目に別々に記載することもある。それは、立行司が1人いる場合
も、まったく同じである。最上段に立行司と三役行司が一緒に記載されてい
ても、その階級を間違えることはない。字の太さや大きさが明らかに違って
いるからである。立行司が1人もいなければ、最上段に三役行司を記載する。

3.　番付と房色

(1)　明治43年（1910）以前の紫白と番付

　　明治43年5月以前は、紫白（あるいは紫）は一種の名誉色である。した
がって、中央太字になると同時に、紫白を許可されたわけではない。紫白を
許可された場合でも、その許可年月は行司によって異なる。太字になる前
だったり、同時だったり、後だったりする。太字に記載されていても、紫白
を許されない行司もいた。また、太字になってから、しばらくして紫白を許
される行司もいた[19]。

　　ここでは、まず、太字になった行司に紫白房が許されているかどうかを調
べる。次に、許可されていれば、いつ許可されたかを調べる。その行司の経
歴を他の文献で調べると、年月がわかることがある。もちろん、わからない
こともある[20]。

---

18)　平成4年5月場所から立行司の木村庄之助と式守伊之助に代数を記すようになった。
19)　明治30年（1897）以前の木村庄之助や式守伊之助の中には中央太字になっても紫白
　　を必ずしも許されない者がいる。紫白許可の有無は番付に何も記されていない。

110

第4章　番付の行司

　紫白は名誉色だったが、明治の初期から行司によっては許されている。も
ちろん、幕末でも許可された行司がいる[21]。明治30年頃までの式守伊之助
と木村庄之助の中には紫白房を使用していたとする文献もあるが、その許可
年月を確認するのは必ずしも容易でない。紫白が階級色であれば、番付です
ぐわかるが、名誉色のため、年月の特定が難しいのである。たとえば、14
代木村庄之助（M10.1～M18.1）は紫白を許されていた可能性が高いが、そ
の許可年月がはっきりしない[22]。7代式守伊之助（M16.1～M16.5）は紫白
を許可されていないかもしれない。番付では紫白を許されていたかどうかは
わからない。

　8代式守伊之助（M17.5～M31.1）は紫白を明治30年春場所中に許された
ことが『読売新聞』（M30.5.9）や『角力新報』（M30.3）で確認できる。し
かし、番付を見ても、その年月は確認できない。この行司は明治10年（1877）
1月に最上段に記載され、17年5月に中央太字になっている。すなわち、太
字になってから約22年後に紫白を許されたことになる。

　15代木村庄之助（M18.5～M30.5）は紫白を許されていたが、その許可年
月を番付で特定することはできない[23]。紫白が名誉色であることを示す典
型的な例である。この行司は最上段に明治10年（1877）1月に記載され、15
年5月に中央太字になり、18年5月に15代木村庄之助を襲名している。中央
の太字行司になるのと同時に、紫白も許されたのであれば、その年月が正確

---

20)　明治30年以降の立行司の場合、紫白房の許可年月はかなりわかっているが、それ以
　　前になると、残念ながら、まだ資料で確認ができないこともある。

21)　たとえば、『角觝詳説金剛伝』（文政11年；1828）によれば、9代木村庄之助は「紫
　　白房」を許可されている。その後も紫白房を許可された行司は何名かいるが、その
　　許可年月が特定できない者もいる。

22)　明治15年7月付の「御請書」が効力のある文書だったなら、14代木村庄之助は紫白
　　房を許されている。しかし、この「御請書」以外に、この行司が紫白房を使用して
　　いたことを認めている文書はない。

23)　錦絵によると、15代木村庄之助は明治20年（1887）には紫を許されている。それ以
　　前に、その紫を許されていたかどうかはまだ確認できない。これに関しては、本書
　　の第3章でも扱っている。

にわかるが、8代式守伊之助の例で見たように、それは当てにならないのである。この行司の紫白許可の年月を知るには、番付でなく、他の資料に当たる必要がある[24]。

16代木村庄之助と6代木村瀬平の紫白に関しては、比較的簡単にその許可年月を確認できる[25]。16代木村庄之助の場合、最上段が明治12年5月に記載され、太字になったのが31年（1898）1月である。木村庄之助を襲名したのは31年1月なので、襲名と同時に太字になっていることになる。これはまれなケースだと言ってよい[26]。吉田司家が出した免許状交付は31年4月11日である。つまり、場所が終わった後の年月になっている。その免許状の写しは『東京日日新聞』（M45.1.15）で見ることができる。

6代木村瀬平は16代木村庄之助と同様に、明治31年1月に最上段で太字になっているが、紫白の許可は32年2月である〔『読売新聞』（M38.2.6）〕。つまり、太字になった年月は16代木村庄之助と同じだが、紫白の許可年月が異なる。このことは、やはり、紫白が階級色でないことを示している。16代木村庄之助の場合は番付を見れば紫白の許可年月を確認できるが、6代木村瀬平の場合は番付を見てもわからない。

4代式守与太夫は明治31年5月に9代式守伊之助を襲名し、2段目中央に太字で記載されているが、そのときはまだ紫白ではなかった。すなわち、立行司を襲名しても紫白を許されていない好例である。その紫白を許されたのは37年5月である〔『都新聞』（M37.5.29）〕。ところが、番付記載は31年5月と何も変わっていない。番付では紫白を許されたことさえわからない。木村瀬

---

24) 塩入編『相撲秘鑑』（M19.3）によれば、15代木村庄之助は明治19年（1886）当時朱房である。この庄之助は明治19年夏場所（5月）か明治20年春場所（1月）に紫房になったかもしれない。明治20年2月付の錦絵「華族会館角觝之図」があり、それに紫房で描かれている。

25) 荒木著『相撲道と吉田司家』（S34, p.200）にも紫白房が授与されたと述べてある。

26) 紫白が階級色でないのは、16代木村庄之助と6代木村瀬平を比較すれば、すぐ納得がいく。同じ年月（明治31年1月）に太字行司になっているが、紫白を許されたのは別々の年月である。

平が38年1月に亡くなり、木村庄之助に次ぐ立行司になっても番付記載は依然として何も変わっていない。2段目中央に記載されている。要するに、番付記載から紫白がいつ許されたかを知ろうとしても、まったくわからないと言ってよい。

6代木村庄三郎は明治38年5月に許され、39年1月に太字になり、第三席の立行司になっている[27]。紫白房は場所中に許されており、その場所ですでに紫白房を使用している[28]。番付記載が1場所延びたのは、番付記載に間に合わなかったからである。木村庄三郎の紫白許可の年月は38年5月だが、番付では何の変化もない。字の太さと大きさに変化は見られないのである。39年1月に中央太字で記載されているので、それ以前に何らかの変化があったことは推測できる。

このように、明治43年5月までは番付で紫白の年月を知ることはほとんどできない。紫白の年月を確認するには、結局、番付以外の資料に当たらなければならない。番付はまったく役立たないかというと、もちろん、そうではない。行司の昇進歴は番付でわかるので、最上段や2段目の太字になったことを見定め、その前後を中心に資料に当たればよいのである。そのような意味では、番付は大いに役立つ。

明治30年頃までは、紫白は単なる名誉色だったが、その後は次第に重要な色彩を帯びていった。草履を許されれば横綱土俵入りができるので、緋色

---

27) 木村庄三郎は第三席だが、9代式守伊之助と同じ「真紫白」だったようである。つまり、准立行司の「半々紫白」ではなかった。本書では第三席の木村庄三郎を式守伊之助と同様に「真紫白」として捉えているが、これが正しい捉え方ではないかもしれない。今のところ、木村庄三郎が「半々紫白」だったという証拠は全くない。

28) 場所中に昇格を発表することが多いが、新しい房をいつの時点から使用し始めたかは必ずしもはっきりしない。つまり、場所前にすでに昇格が決まり、初日から新しい房を使用していながら、発表を場所中にしたのか、発表後の翌日あるいは当日から新しい房に変更したのか、場所後の巡業などから新しい房を使用し始めたのか、はっきりしない。はっきりしているのは、場所中に発表されたら、その場所は新しい房を使用したことである。当時の資料を見ると、発表の当日あるいは翌日から使用し始めたと記述してあるものも少なくない。

のままでもよさそうだが、その上に名誉の「紫白」があると、その房を使いたいという願望が強くなったようだ。紫白にはそのような魅力があったらしい。16代木村庄之助や6代木村瀬平が最上段の太字に掲載される頃は、この紫白への思いがかなり強くなっている。単なる名誉色だったものが、上位にいれば当然所持すべき「色」に変貌しているのである。明治30年頃にはすでに、立行司は紫白を許されてこそ立派な「立行司」だという雰囲気があったようだ。その雰囲気はその後も次第に強くなり、紫白は階級色を帯びるようになっていく。

(2) 大正期の総紫と紫白

　明治43年5月に行司装束改正になり、同時に軍配房の「総紫」と「紫白」が区別されるようになった。番付を見れば、木村庄之助は「総紫」、その他の立行司は「紫白」であることがわかる。要するに、総紫や紫白は単なる名誉色でなく、階級色として位置づけられたことになる。木村庄之助は「総紫」、式守伊之助や他の立行司は「紫白」となったのである。したがって、式守伊之助になれば、自動的に「紫白」になり、木村庄之助になれば「総紫」になったのである[29]。

　明治43年5月以降、しばらくは木村庄之助と式守伊之助以外にも最上段に中型細字で記載されている「准立行司」がいる。この中型細字の准立行司は明治43年5月以前に紫白房を許されている。これらの行司の場合、番付を見ても紫白許可の年月はわからない。たとえば、木村進は明治44年6月、それから2代木村誠道は大正2年（1913）1月、それぞれ、紫白を許可されているが、最上段に中型細字で記載されている[30]。紫白を許可される前から最上段に記載されているので、番付を見ただけでは紫白の許可年月はわからない

---

29)　木村庄之助と式守伊之助以外の立行司は、いわゆる「准立行司」である。この「准立行司」の房色は、一般的に、「紫白」と呼ばれているが、厳密には異なる。つまり、式守伊之助は「真紫白」だが、准立行司は「半々紫白」である。本章ではその区別をせず、一括りにして「紫白」として扱う。

114

のである[31]。

　木村誠道が12代式守伊之助（T4.1〜T10.5）を襲名したのは大正4年1月である。しかし、番付では大正3年5月にすでに、木村誠道は2段目に太字で記載されている。この大正3年5月以降、番付最上段の中央太字は木村庄之助、2段目の中央太字は紫白房となった。つまり、太字で記載された番付の年月が紫白と総紫の許可年月である。たとえば、木村朝之助は大正11年1月に木村庄之助（T11.1〜T14.5）を襲名したので、その年に総紫を許されている。17代木村庄之助と12代木村庄之助が引退したため、木村朝之助は式守伊之助を経験することなく、いきなり18代木村庄之助を襲名した[32]。この朝之助は木村庄之助を襲名する前、紫白（厳密には半々紫白）だったが、それをいつ許されたかは番付ではわからない。

　5代式守与太夫は大正11年1月に13代式守伊之助（T11.1〜T14.5）を襲名している。番付から判断すれば、紫白房はその年に許可されていることになる。しかし、実際は、10年5月場所中（8日目）に紫白房を許された。これは、もちろん、臨時の処置だった。大正10年5月場所中に突発的な出来事があり、当時第四席の5代式守与太夫が臨時に紫白を許されている。臨時の紫白は、もちろん、番付には記載されていない。この臨時の紫白を考慮しなけ

---

30)　木村誠道は大正2年1月に紫白を許されているが、非公式には明治45年5月から紫白を使用していたかもしれない。大正2年1月の紫白は吉田司家の正式な許可だが、協会はすでに明治45年5月許可を与えていたようだ。もちろん、吉田司家の了解を受けていたはずだ。吉田司家の正式な免許は大正2年1月である。

31)　「准立行司」と「三役格行司」が文字の太さや大きさで区別できるのかどうかわからない。中型細字が両方を表していたら、番付では区別できなくなる。明治43年以前の番付表記を正しく読むには、やはり階級を区別する明確な基準を知る必要があるが、その基準がはっきりしない。

32)　木村朝之助は木村庄之助を襲名する前、紫白房を使用していた。それを裏付ける資料がある。たとえば、大正3年5月に土俵祭りの祭司を勤めたとき、紫紐を使用していた〔『やまと新聞』（T3.5.31）〕。この「紫紐」は、実際は、「紫白紐」だったに違いない。『夏場所相撲号』（T10.4）の「行司さん物語」（p.105）によると、朝之助は「紫白房」である。

れば、式守与太夫は大正11年1月に紫白を許されたことになる。

15代式守伊之助（T15.5～S7.5）は大正期で式守伊之助を襲名した最後の行司である。番付に式守伊之助として記載されたのは大正15年5月場所の番付だが、大正15年1月にはすでに式守伊之助を襲名している[33]。すなわち、この6代式守与太夫は少なくとも大正15年1月には紫白を許されている[34]。しかし、番付ではまだ「中型細字」である。大正15年1月当時、番付で「中型細字」であっても、「紫白」の場合もあったことになる。そのため番付だけを見て、緋房なのか紫白なのかを判断することはできない。すなわち、番付ではいつ紫白を許されたかはわからない。

(3) 昭和以降の紫白房と総紫房

昭和時代に入ると、紫白と総紫は番付記載の仕方を理解すれば、簡単に区別できる。立行司はすべて紫白か総紫である。木村庄之助は総紫、その他は紫白である。昭和2年1月場所の場合、立行司が3人いたので、木村庄之助が総紫、式守伊之助と木村玉之助は紫白である[35]。立行司が木村庄之助と式守伊之助の2人になると、木村庄之助が総紫、式守伊之助が紫白となった。

番付では、三角形か平板形かによって、席順の表し方が変わるが、記載された段を見れば、おのずから紫白と総紫は区別できる。昭和22年（1947）5月、草履を許された三役行司が1場所だけ最上段に両脇細字で記載されたことがある。このような記載の方式変更はその後もときどき見られる。

---

33) これは『万朝報』（T15.1.6）の「行司の襲名」の項で確認できる。

34) 6代式守与太夫が大正15年1月以前、本場所では紫白房を許されていないはずだ。地方巡業では横綱土俵入りを引くこともあるので、紫白を許されたかもしれない。ここでは、本場所の紫白が対象である。

35) 「行司名鑑」（両国国技館の行司控室に保管されている門外不出の行司名鑑）では昭和9年（1934）春場所まで、立行司は3人とも「紫」と記入されている。「紫」と「紫白」を区別して記載するようになったのは、昭和9年夏場所以降である。行司仲間では房色は階級を表すシンボルだが、なぜ「紫」と「紫白」を区別しなかったか、不思議である。

第4章　番付の行司

　昭和26年5月、副立行司が設けられてからは、副立行司は立行司と一緒に最上段に記載されている。字の太さや大きさは席順によって少し違いがあるが、もちろん、それを見るだけでは紫白か総紫かはわからない。どの順位が紫白で、どの順位が総紫か、それを見分ける知識が必要である。しかし、木村庄之助が総紫、その他の立行司と副立行司は紫白だと知っているだけでよい。

　昭和34年11月に副立行司が廃止されてからは、最上段に立行司を記載するようになった。立行司は2人で、木村庄之助は総紫、式守伊之助は紫白である。副立行司を廃止すると同時に、三役格に草履を特別に許した。その三役は、原則として、2段目に記載されている。三役格は依然として「緋房」である。緋房で草履格が横綱土俵入りを引けるという慣例は、明治期にも見られるものである。この慣例を相撲規定で明記しないのは、伝統を重んじているからであろう。現在は取り入れなくても、将来、必要が生じれば取り入れることもできる。

　昭和35年1月以降でも、病気や出場停止処分などで、ときどき、式守伊之助や木村庄之助のうち1人がいなかったり、2人の立行司がいなかったりする場合があるが、それは紫白や総紫の立行司がいなくなっただけで、横綱土俵入りの支障にはならない。三役行司が代理を務めることができるからである[36]。そういう支障がありうることを見越して、三役行司に草履を許している。横綱土俵入りを引くには、草履の資格があればよいのである。

---

36)　昭和47年（1972）5月以降は番付上も立行司の1人が空位の場合もある。2人の立行司が空位であった場所もある。これに関しては第5章「立行司の空位」で詳しく扱ってある。立行司がいなくても、草履を履いた三役行司がいるので、横綱土俵入りにはまったく問題ない。

117

4. 番付と草履

(1) 明治期の草履と番付

　明治43年（1910）5月までは、最上段と2段目の中央太字行司はもちろん、最上段の両脇細字行司の中にも草履を許されていた者がいた。番付で、間違いなく草履を許された行司を確認できるのは、最上段と2段目の中央太字行司だけである。草履を許されない太字行司はいないはずなので、太字行司を見ればその行司は草履を許されていると判断してよい[37]。しかし、中央太字行司にしても、最上段の両脇細字で草履を許されていた行司にしても、その行司がいつ草履を許されたかは、番付を見ただけではわからないのである。それを知るには、番付以外の資料を調べなければならない。一般的に言って、最上段の太字行司はそこで記載される前に、つまり、最上段の両脇細字行司であったときに、草履を許されている。

　最上段の細字行司の場合、すべての行司が草履を許されているわけではない。同じ緋房であっても[38]、草履を許されている者もいるし、そうでない者もいる。草履を許されている者は「准立行司」に相当し、横綱土俵入りを引けるが、番付でその「准立行司」を見分けることは必ずしも容易でない[39]。つまり、どの行司が草履を履き、どの行司がそうでないかは、番付で見分けることは難しい。

　草履許可と紫白許可は一致しないのが普通であり、しかも草履許可のほうが先である。草履は許されても、紫白は許されないこともある。紫白は名誉

37）　9代式守伊之助は明治31年（1898）5月に太字になり、明治37年5月に紫白房を許されている。草履を許された年月はまだ確認していないが、少なくとも明治31年5月かそれ以前に許されているに違いない。もしそれが明治31年5月以降であれば、本章の判断は間違っていることになる。

38）　本章では朱房、赤房、緋房を同じ意味で使っている。いずれを使っていても、房の色は同じである。

色だからである。草履は横綱土俵入りを引く資格なので、これは上位行司に
とっては非常に重要である。草履を認める一定の基準があったはずだと考
え、それが何であるかを見つけようとしたが、残念ながら、見つけられな
かった。草履許可の年月がわかっている行司に焦点を当て、何らかの手がか
りを得ようとしたが、基準となるものは見つけられなかった。

　番付にも明治43年5月まで草履を履ける行司とそうでない行司を見分けら
れる手がかりはない。手がかりがあるとすれば、最上段に記載された年月か
ら太字になる年月のあいだということになる。それを手がかりに番付以外の
資料に当たるしかない。たとえば、16代木村庄之助（M31.1〜M45.5）は明
治17年5月に最上段に記載され、28年5月に草履を許されている。最上段に
記載されてから十数年後である。また、6代木村瀬平は明治28年1月に行司
に復帰したが、そのとき木村誠道の次に据え置かれた。太字行司になったの
が明治31年5月で、草履は29年5月に許されている[40]。つまり、最上段の
両脇細字行司のとき、草履を許されている。16代木村庄之助にしても6代木
村瀬平にしても、番付では草履を許された年月は確認できない[41]。

　最上段と2段目の中央太字行司は草履を履いているので、太字に記載され
る時点か、それ以前には草履を許されていることになる。したがって、たと
えば次の行司は中央の太字になった時点では、草履を履いている。

---

39)　「准立行司」と「三役行司」の区別は必ずしも明確ではない。本章では緋房行司を三
　　役行司、草履を履いた行司を准立行司と呼んだりしているが、「准立行司」も三役行
　　司として分類することもある。明治から大正までの「三役行司」は定義があいまい
　　である。三役行司に関しては拙著『大相撲行司の軍配房と土俵』（H24）の第5章
　　「草履の朱房行司と無草履の朱房行司」で詳しく扱っている。

40)　木村瀬平は明治18年7月にも草履を許されている。木村瀬平はいったん行司を辞め
　　てから、また復帰した。当時は、そういうことも許されたらしい。しかし、復帰し
　　たとき、元の位置に戻ったのではなく、木村誠道（のちの16代木村庄之助）の次に
　　据え置かれた。この1回目の草履許可については、ここでは触れない。

41)　草履を許された年月と直前あたりの番付を比較してみても、字の太さや大きさに
　　顕著な変化はない。

119

(1) 14代木村庄之助（M10.1～M18.1）：少なくとも明治10年（1877）1月
には草履を許されている。

(2) 15代木村庄之助（M18.5～M30.5）：少なくとも明治18年（1885）5月
には草履を許されている。

(3) 7代式守伊之助（M16.1～M16.5）：少なくとも明治16年1月には草履
を許されている。

(4) 8代式守伊之助（M17.5～M31.1）：少なくとも明治17年5月には草履
を許されている。

この推測が正しいかどうかは、番付以外の資料で草履許可の年月を確認す
ればよい。14代木村庄之助や7代式守伊之助に草履が許されたかどうかさえ
まだわからないが、立行司を襲名した時点では草履を履いていたことにな
る。次に調べることは襲名以前に草履を許されていないかどうかである。一
般的に言って、襲名以前に草履を許されているのであるが、番付では、それ
がいつかを見分けるのは難しい。

明治末期では、木村庄三郎、木村進、木村誠道、木村朝之助、5代式守与
太夫等が草履を許されている。たとえば、木村庄三郎は最上段に明治28年1
月に記載され、草履を37年5月に許された。紫白は38年5月に許され、中央
太字になったのは39年1月である。38年5月の番付で中央太字にならなかっ
たのは、単なる手続き的な問題であろう。

木村進が最上段に記載されたのは明治38年5月で、草履は39年1月であ
る。中央太字になったのは、11代式守伊之助を襲名した44年5月である。
すなわち、最上段の両脇細字のときにすでに草履を許されている。木村誠道
が最上段に記載されたのは明治38年5月で、草履は40年1月である。中央太
字になったのは大正3年5月なので、草履は最上段の両脇細字であったとき
ということになる。しかし、番付を見て、草履許可の年月を判別することは
できない。

第4章　番付の行司

(2)　大正期の草履と番付

大正期の番付は、14代式守伊之助〔大正15年（1926）1月場所のみ〕が3代式守勘太夫の頃、大正2年5月に最上段に記載されたときから、草履の許可年月をある程度推測することができる。最上段に両脇細字で記載されると同時に、草履を許されているからである。たとえば、この3代式守勘太夫は大正2年5月に最上段に記載されたが、草履は大正2年1月に許されている。おそらく、番付記載が遅れたのは、手続き的な問題であろう。この3代式守勘太夫は大正15年1月に14代式守伊之助を襲名することになっていたが、場所前の大正14年12月25日に死去した。翌15年1月場所では、式守伊之助として記載されている。そのため、「位牌行司」と呼ぶこともある。

15代式守伊之助（T15.5～S7.5）はのちの20代木村庄之助（S7.10～S15.1）だが、草履は大正3年1月に許され、大正3年5月には最上段に記載されている。年月が一致しないが、草履の許可が番付記載の時点で間に合わなかったからであろう。この行司は14代式守伊之助の突然の死を受けて、急きょ大正15年5月に15代式守伊之助を襲名している。これは番付上の襲名年月であり、協会は大正15年1月に襲名を決めている。したがって、その時点で紫白を許されたはずだ。15代式守伊之助は6代式守与太夫（T11.5～T15.1）の頃、紫白を許されていないかを調べてみたが、今のところ、許可されたという証拠は見つかっていない[42]。

このように、3代式守勘太夫が草履を許された大正2年1月には草履の許可年月と上位に記載される年月がかなり近づいている[43]。しかし、これはたまたまそうなっただけで、上段に記載された行司を見て、その行司がその

---

42)　大正時代、立行司の数に制限があったかどうかがはっきりしないため、第四席あたりまではその可能性がある。もし「准立行司」であったならば、紫白房の可能性もある。しかし、6代式守与太夫が大正15年1月以前、「准立行司」だったことを示す証拠はまだ見つかっていない。それが単なる見落としなのか、もともと立行司になっていなかったのか、わからない。現段階では、後者の立場である。

43)　草履を許された年月と番付記載には、もちろん、1場所くらいの誤差はある。手続き上の問題があるからである。

場所から草履を許されたと判断できるわけでもない。というのは、上段に記載されても草履を履かない行司もいたし、また、2段目の緋房行司であっても草履を許された行司はいたからである[44]。たとえば、7代式守与太夫は「錦太夫」として大正15年5月場所、上段に記載されたが、草履は昭和7年10月に許されているのである[45]。大正末期から昭和にかけて、三役格は基本的に草履を履けなかった[46]。もしその考えが間違っていたら、本章で述べていることは、もちろん、間違っていることになる。

(3) 昭和期の草履と番付

昭和2年（1927）以降は、番付を見れば、草履を履いているか、そうでないかはひと目でわかる。昭和2年以降は草履に関して何回か改変が行われているので、その概略を次に示す。

(1) 昭和2年1月場所では、最上段に立行司、2段目に三役格と幕内格行司を記載した。三役行司は草履を許されなかった[47]。

(2) 昭和10年5月場所から同じ階級の行司は同じ段にまとめて記載している。すなわち、同じ階級を2段に分けて記載することがなくなった。異なる階級を同じ段に記載するときは、その境にスペースを置いて区分けしている。したがって、その階級さえわかれば、房色も判別できる。しかし、この記載法は昭和22年（1947）1月までしか続かなかっ

---

44) 『夏場所相撲号』（T10.4）の「行司さん物語」（p.104）によると、大蔵も草履を許されている。ということは、草履を許された行司が2段目にも記載されていることを示している。すなわち、草履を許された行司であれば、番付の上段に必ずしも記載されるわけではない。したがって、大正初期の頃、草履年月を許された行司が番付上位に記載されたのは、たまたまそうなっただけだということになる。

45) 7代式守与太夫は昭和7年（1932）10月場所から16代式守伊之助を襲名した。

46) 昭和初期に三役格は草履を履けなかった。これについては拙著『大相撲行司の軍配房と土俵』（H24）の第5章「草履の朱房行司と無草履の朱房行司」で詳しく扱っている。

122

た。

(3) 昭和22年5月場所では、三役行司の木村庄三郎と木村正直に草履を許した。この結果、三役行司の中で、草履を許された者とそうでない者ができた。その区別を表すために、5月場所では草履格を立行司と一緒に最上段に記載したが、やはり問題があると見て、翌場所は2段目に記載している。

(4) 昭和26年5月場所では、副立行司の制度が導入された。副立行司も最上段に記載された。立行司と副立行司という区別はあるが、それは字の太さや大きさで区別している。

(5) 昭和34年（1959）11月に副立行司制度を廃止した。そのため、翌年の1月場所では立行司が木村庄之助と式守伊之助になった。立行司が2人だけになったので、三役行司に草履を許した。横綱土俵入りで支障が起きないようにするためである。しかし、三役格の房色は「朱」のままである。

　昭和35年1月以降の番付であれば、階級と房色が一致するので、どの行司がどの色かは明確である。どの階級はどの色で、どの段に記載されているかを知っているだけでよい。この方式は、基本的に、現在まで続いている。同じ段で2階級が記載してある場合でも、階級間にスペースがあるし、異なる階級は字の太さや大きさが違うので、房色を見分けるのに支障はまったくな

---

47)　昭和以降でも、多くの文献で、「三役行司は緋房で、草履が履ける」と書いてあるが、これは誤りである。昭和2年1月の時点で、三役行司は草履を履いていないことを示す証拠がある。たとえば、大阪相撲の立行司だった木村清之助は立行司から三役行司に格下げされたが、紫白房から朱房になっただけでなく、草履も剥奪され、足袋だけになった。これは、たとえば『大相撲画報』（初場所展望号、昭和34年12月）の「大相撲太平記（19）」（p.44）でも確認できる。拙著『大相撲行司の軍配房と土俵』（H24）の第5章「草履の朱房行司と無草履の朱房行司」でも三役格は原則として昭和34年12月まで草履を履けなかったことを指摘してある。木村庄三郎と木村正直は例外的に昭和22年6月に草履を履くことを許されている。

い。

5. 結び

　本章では、明治30年代の番付から昭和35年1月までの番付を中心に調べてきたが、結果は、大体、次のようにまとめることができる。

(1) 明治43年（1910）5月以前の番付では立行司が草履を履いていたことは確認でき、その草履がいつ許可されたのかはわからない。最上段の両脇細字行司の中にも草履を許された行司がいたが、どの行司がいつそれを許されたのかも番付で見分けられない。それを正確に知るには、番付以外の資料で確認するしかない。

　　紫白は名誉色だったが、それも中央太字の立行司だけに許されたわけではない。最上段の両脇細字行司でも許されたものがいる。また太字行司でも許されないものもいる。たとえ許されていても、それがいつだったのかは番付ではわからない。結局、草履と同様に、紫白も番付以外で確認するしかない。

(2) 明治43年5月以降は総紫と紫白が階級色になっているので、番付を見れば立行司の房色はわかる。しかし、大正初期の頃は明治期に許された草履や紫白が継続していたので、そのような行司の草履や紫白は番付を見ただけではわからない。したがって、番付からいつ草履や紫白を許されたかを特定することはできない。

(3) 三役行司が草履を許されるようになったのは、昭和35年1月場所である。昭和34年11月場所を最後に副立行司が廃止され、立行司は木村庄之助と式守伊之助だけになった。それを契機に三役行司にも草履を許されたのである。これが現在も続いている。

(4) 番付では草履や紫白を特定できないが、記載された段や字の太さや大きさなどは特定の手がかりになることがある。地位が上がれば、行司

に何らかの変化があったと判断できるからである。その変化した本場所の番付を丹念に調べれば、何かヒントが得られるかもしれない。しかし、草履や紫白を許されても番付に何の変化もないこともあるので、そういう場合は許された年月を特定できないことになる。草履や紫白が階級とじかに結びついていなかった明治期では番付だけで許された年月を特定することは難しいのである。

(5) 大正期には木村庄之助と式守伊之助以外にも「准立行司」がおり、しかも紫白（厳密には半々紫白）なので、その房色を許された年月は必ずしも番付では特定できない。また、本章ではこの「准立行司」の半々紫白を許された年月については深く立ち入っていない。

　今後の課題としては、本章で論じたことが正しいのか、それとも正しくないのかを吟味することである。もしかすると、明治期であろうと大正期であろうと、番付を丹念に見ていけば、紫白や草履を許された年月を特定できるかもしれない。番付は席順を記載しているが、字の太さや大きさで地位を表わすようになっている。同じ段に記載してあっても、地位や階級が異なることもある。行司は昇進すれば、記載する段が違ったり字の太さや大きさが違ったりする。その違いに注意すれば、行司に何か変化があったこともかなり推測できる。草履と紫白を許された年月がそのような変化から特定できるかもしれない。本書ではそのような変化を調べても特定することはできないとしているが、それは番付の見方が間違っているからかもしれない。本当に間違った見方をしているのか、そうでないのか、今後の研究に俟ちたい。

第5章　立行司の空位

1. 目的

　昭和47年（1972）5月場所以降、立行司の1人、式守伊之助か木村庄之助が不在になることがある。平成6年（1994）の1月場所と3月場所では立行司が2人とも不在になった。現在〔平成28年（2016）5月〕でも、38代木村庄之助が平成27年（2015）5月場所以降ずっと不在である[1]。しかも、現在は横綱が3人もいる。それにもかかわらず、立行司は40代式守伊之助だけである。なぜ立行司はときどき不在になるだろうか。立行司の地位が認められているにもかかわらず、それが空位のままであれば、やはり何か理由があるはずだ。

　本章では、立行司の空位時期に焦点を当て、次の視点で調べることにした。

(1) 昭和47年5月以降、立行司が空位になった期間はどのくらいか。

(2) 立行司はどこで誰が決めるのか。相撲規定ではどうなっているか。

(3) 立行司はどういる理由で空位になるのか。その理由は公表されている

---

1)　本章では、38代木村庄之助や40代式守伊之助を、それぞれ38代庄之助や40代伊之助と簡略化した呼び方をすることもある。同様に、木村庄之助や式守伊之助もそれぞれ単に庄之助や伊之助という呼び方をすることもある。簡略化した呼び方であっても名称で誤解を招くことはないはずだ。

127

か。

　人事に関することなので、公的になっているものとそうでないものとがある。その区別は難しい場合があるが、本章では選考対象になっている候補者の「機微に触れる」ことはできるだけ避けることにした。雑誌や本や新聞などで活字になっていれば、世間に公的に発表されているものとみなし、取り上げることにした。実際公的になっていないことがあり、理事会の中でどのような討議がなされたか、どういった基準で襲名者を決めたのかはわからない。公的になっていないことは、「不明である」として本章でまったく触れないことにしてある。

　式守伊之助を襲名する候補者は、基本的に、三役行司である。誰が式守伊之助を襲名するかとなると、三役行司の中から決めることになる。その際、三役筆頭が最有力候補者だが、過去の人事を見ると、必ずしも筆頭が指名されているわけでもない。三役行司をすべて候補者にすることをあらかじめ公言し、同じ土俵で審査したこともある。また、空位の理由を公的に一切発表することなく、何場所も空位のままにしておくこともある。候補者である三役行司や式守伊之助にさえその理由を説明していない場合もある。

　木村庄之助は常に式守伊之助が襲名している。式守伊之助を経験せずにいきなり木村庄之助を襲名したことは2度ほどあるが[2]、それは上位が2人そろって辞めた場合であった。式守伊之助がいたのに、三役行司がそれを飛び越えて木村庄之助を襲名したことはない。したがって、木村庄之助の空位が問題になるのは、式守伊之助がいるにもかかわらず、木村庄之助を襲名しない場合である。

　立行司の空位はこれまで幾度かあったが、本章ではその中からいくつかをピックアップし、どのようなことがあったかを少し振り返ってみることにし

---

2)　大正11年1月場所の18代木村庄之助（朝之助）は准立行司だったので、半々紫白だった。昭和35年1月の23代木村庄之助（正直）も副立行司だったので、半々紫白だった。副立行司の房色については第2章で詳しく扱っている。

た。なお、章末には、昭和46年3月以降の立行司の空位場所や期間に限定し、人事に関わることをリストアップしてある。

2. 立行司の空位場所

立行司の空位場所を3つに分けて示す。庄之助か伊之助が空位になった場所と立行司が2人とも空位になった場所である。これ以外は、庄之助と伊之助が2人とも在位だった場所である。これは本章では扱わない。かっこの中の数字は場所数を表す。空位の立行司は次期襲名予定の代数で表す。

(1) 庄之助の空位場所と期間

空位は8回あった。

① S47（1972）.5～S47（1972）.11（4）
　　26代庄之助が空位だった。

② S52（1977）.1～S52（1977）.9（5）
　　27代庄之助が空位だった。

③ H6（1994）.5～H6（1994）.11（4）
　　29代庄之助が空位だった。

④ H13（2011）.5～H13（2011）.9（4）
　　30代庄之助が空位だった。

⑤ H15（2003）.3（1）
　　31代庄之助が空位だった。

⑥ H18（2006）.3（1）
　　33代庄之助が空位だった。

⑦ H25（2013）.7～H25（2013）.9（2）
　　37代庄之助が空位だった。

⑧ H27（2015）.5～H28（2016）.5（現在）（8）
　　38代庄之助が空位である。

(2) 伊之助の空位場所と期間

空位は3回あった。

① S48（1973）. 1～48（1973）. 11（6）

23代伊之助が空位だった。

② H5（1993）. 9～H5（1993）. 11（2）

28代伊之助が空位だった。

③ H23（2011）. 11～H24（2012）. 9（6）

39代伊之助が空位だった。

(3) 庄之助と伊之助の空位場所と期間

空位は1回あった。

① H6（1994）. 1～H6（1994）. 3（2）

29代庄之助と28代伊之助が2人とも空位だった。

2人の立行司が同時に空位となったのは2場所である。これは歴史上初めてのことだった。伊之助が空位だったのは6場所が2回、2場所が1回である。6場所連続となれば、丸1年である。それが2回あったことになる。庄之助が不在だったのは8回ある。これはけっこうな数である。この回数を少ないと見るか、多いと見るかは、意見が分かれるところだ。

3. 相撲規定

立行司は理事会で決める。立行司は行司階級の一つなので、おそらく、次の規定に基づいて理事会で審議されるはずだ。

(1) 相撲協会の「寄附行為」第36条

〔『国技相撲のすべて』昭和59年（1984）11月、p.153〕[3]

第5章　立行司の空位

「第36条　行司階級の昇降には、番付編成会議において決定する。」

この規定のほかに、「番付編成要領：第2章　行司番付編成」と「行司賞罰規定」が関係している。

(2)「番付編成要領：第2章　行司番付編成」
　　　〔『国技相撲のすべて』昭和59年（1984）11月、pp.163-4〕

　　第十三条　行司の階級順位の昇降は、年功序列によることなく、次の成績評価基準に基づき、理事会の詮衡により決定する。
　　　　　1. 土俵上の勝負判定の良否
　　　　　2. 土俵上の姿勢態度の良否
　　　　　3. 土俵上のかけ声、声量の良否
　　　　　4. 指導力の有無
　　　　　5. 日常の勤務、操行の状況
　　　　　6. その他行司実務の優劣
　　第十四条　成績評価は、毎本場所および毎巡業ごとに審判部長、および副部長、巡業部長、指導普及部長、監事が行い、考課表を作成する。考課表の作成は、成績評価基準ごとに加点、減点の方法にて行うものとする。
　　第十五条　審判部長および副部長、巡業部長、監事は作成した考課表を理事会に提出しなければならない。
　　第十六条　行司の階級の昇降は、年一回とし、提出された考課表により、9月場所後の理事会にて詮衡し、翌年度の番付編成を行う。

───────────────

3)　昭和59年の『国技相撲のすべて』を参考にしているが、平成28年2月現在の「相撲協会寄附行為」と基本的に変わらない。平成16年（2004）1月の改正で、条文の番号が第12条から第17条に代わっている。最新の規則を知りたければ、東京両国の相撲協会広報部に前もって閲覧をお願いするとよい。ここで古い規則を提示してあるのは、そのような資料を誰でも容易に参照できるし、文面も基本的に同じだからである。

第十七条　十枚目以上の行司の番付員数を、次の通り規制する。

十枚目以上の行司22名以内

但し、特別の理由がある場合、臨時処置として理事会決議により、上記番付員数を変更することができる[4]。

第十八条　番付編成後行司の退職があり、理事長が必要と認めたときは、詮衡理事会を開き、番付編成を行うことができる。

　この規定は、基本的に、三役行司までに適用されるものである。階級の昇降を9月場所後に審議するというのは、基本的に、第16条に規定されている。もちろん、理事長は必要と認めれば、いつでも昇降を審議できる。

(3)「行司賞罰規定」
〔『国技相撲のすべて』昭和59年（1984）11月、p.164〕

第1条　行司に対する賞罰は、番付編成要領第13条の行司の成績評価基準により、信賞必罰を以て厳正に行うものとする。

第2条　番付編成要領第14条の行司の成績評価を行うものは成績評価基準に照し、著しく成績良好なるもの或は不良のものがありたる時は、その旨を理事長に報告しなければならない。

第3条　理事長は、前条の報告により必要あると認めたときは、理事会に提案するものとする。

第4条　賞罰は、理事会の決議により行うものとする。

第5条　著しく成績良好なるものは抜擢により番付順位を特進させることができる。

第6条　懲罰は、けん責、減俸、出場停止、番付順位降下、引退勧告、除名

---

4)　この条文の「但し書き部分」は平成27年（2015）10月に新しく追加されたものである。長い間病気したり、欠員が生じたりするための処置である。平成28年5月現在、十枚目以上の行司は23名である。

とする。

第7条　立行司は、成績評価の対象より除外し、自己の責任と自覚にまつこととする。但し、式守伊之助の名称を襲名したものは、襲名時より2年間は他の行司と同一に扱うものとする。

第8条　立行司にして自己の責任と自覚がないと認められたときは、理事会の決議により引退を勧告し、または除名するものとする。

　これらの規定のどの条文を適用して立行司を決めるのかはわからないが、立行司を決めるのが理事会であることは確かである。立行司を選任する基準が理事会の中にあるかどうかも知りたいところだが、文書化されたものはないかもしれない。というのは、すんなりと立行司を決める場合であれ、空位のときの立行司を選任する場合であれ、これまで公表された一定の基準を見たことがないからである[5]。立行司の候補者も「何を基準に評価しているかわからない」と雑誌対談などで語っている。もちろん、立行司を選任するのに一定の基準が必要かとなると、それは必要ないという考えもある。理事会もこれまで臨機応変に対応すればよいと判断し、そういう基準をあえて設けなかったかもしれない。今後もその方針でいくのかどうか、検討してもよいのではないだろうか。

4.　昭和47年（1972）5月に始まる空位

(1)　わだかまり

　武蔵川喜偉著『武蔵川回顧録』（S49）の「武蔵川喜偉　年表」（pp.339-68）に次のような記述がある。簡潔であるが、当時の動きがわかる。武蔵川喜偉

---

5)　横綱を決める場合は横綱審議委員会の公表した一定の基準がある。しかし、立行司の場合、それに相当する基準は公表されたことがない。立行司の空位が生じ、後継者を選任する際でもその都度臨機応変に対応しているという印象を受ける。

氏は当時、理事長だった。(ここでは関連ある箇所を部分的に引用してあるので、正確な記述を知りたい場合は『武蔵川回顧録』で直接確認すること。)

昭和46年12月22日	相撲協会は(中略)行司の年功序列制度を止めることを決める。
12月25日	木村庄之助以下の行司、制度改革に反対、待遇改善を要求してストライキに入る。26日解決。
昭和47年1月9日〜23日	1月場所。8日目横綱北の富士対貴ノ花戦、北の富士の"かばい手"か"突き手"かをめぐって判定がもめ、行司木村庄之助が差し違いを理由に翌日から謹慎処分となる。
3月7日	初場所の北の富士対貴ノ花戦での差し違いから謹慎処分された25代木村庄之助が一身上の都合という理由で相撲協会に辞表を提出していたが、受理される。春場所は庄之助なしで行われ、立行司伊之助が結びの2番を裁く。協会は19日、今年いっぱいは26代目庄之助をおかないことを決める。(pp.366-7)

　25代庄之助が3月場所で休場し、5月場所から庄之助が空位になった。その空位は11月場所まで続いた。その間は、22代伊之助だけが務めた。22代伊之助が26代庄之助に昇格したのは、翌年の1月である。同時に、三役三番手の玉治郎が筆頭の正直と二番手の伊三郎を飛び越し、23代伊之助に昇格した。これは抜擢人事である。

　昭和46年(1971)12月22日には行司改革案発表があり、それをめぐって行司のストライキが起こった[6]。ストライキは2日で終結したが、その後遺

---

6)　この行司の反乱については当時の新聞でも大きく報道されている。拙著『大相撲行司の房色と賞罰』(H28)の第7章「行司の反乱」でも扱ってある。

134

症が理事側にも行司側にも残っていた。たまたま25代庄之助が47年1月場所の8日目に差し違えをし、7日間の謹慎処分を受けた。7日間の謹慎処分を科すほどの失態かどうかについては意見が分かれるが、25代庄之助はそれを協会の理不尽な処分だと受け止めている。『大相撲』（昭和47年4月号）の新田勝筆「庄之助はなぜやめた！」で次のように語っている。

> 「私自身はいまになっても、北の富士の右手はかばい手でなく、つき手だったと信じている。数歩譲って考えてみても、7日間の謹慎処分を受けるような"差し違い"ではなかった。」（p.76）。

　25代庄之助は3月場所の番付発表直後（3月1日）に辞表を提出したが、3月7日に正式に受理されている。25代庄之助は3月場所番付には掲載されているが、休場している。25代庄之助は定年間近であったが、「一身上の都合」で辞職した。雑誌等の記事からも、また山田著『華麗なる脇役』（H23）からも、25代庄之助は協会への不満があって辞めていることがわかる。
　たとえば、『大相撲』（昭和51年12月号）の26代木村庄之助筆「庄之助一代記（下）」（p.103）によると、25代庄之助が辞めたのは、協会との仲が「まずくなった」からだという。これは25代庄之助とともに立行司であっただけに重みのある言葉である。25代庄之助は長年冷遇されてきたことに不満が募り、ストライキで抗議したこともあって、結局、立行司を続けることを断念したに違いない。この辺の事情については、たとえば『大相撲』（昭和47年4月号）の新田勝筆「庄之助はなぜやめた！」（pp.76-9）や『大相撲』（昭和47年5月号）の新田勝筆「その後の四庄之助」（pp.56-61）などが参考になる。
　いずれにしても、当時は行司改革案発表、その改革をめぐる行司のストライキ、3月場所前に25代庄之助の辞職等があり、協会は23代式守伊之助の選任に際しては慎重になっていた。これが3場所の伊之助空位となったのである。結果的には、昭和46年（1971）「12月の改革案で打ち出されていた「抜擢制」が適用され、48年1月場所から三役三番手の玉治郎が23代伊之助に選任されたのである。

(2) 辞表提出

25代庄之助の辞表提出日に関して、2つの異なる記述がある。山田著『華麗なる脇役』（H23）によると[7]、1月場所中となっている。

「この北の富士と貴ノ花戦の差し違えに、庄之助は進退伺いを武蔵川（元出羽ノ花）理事長へ提出した。従来は『その儀の及ばず』で却下するのが慣例となっていた。しかし、今回は慣例を破って、庄之助に9日目から千秋楽までの出場停止の謹慎処分を命じた。庄之助は直ちに辞表を提出し、この場所限りに54年間に及ぶ行司生活に自ら終止符を打った。」（pp.133-4）

ところが、『大相撲』（昭和47年4月号）の新田勝筆「庄之助はなぜやめた！」によると、辞表提出は、3月場所（春場所）番付発表の直後となっている[8]。

「第25代木村庄之助（本名・山田釣吾、62歳）が、54年間にわたる行司生活から、きれいさっぱり足を洗った。

"一身上の都合"という理由で、春場所番付発表の直後に相撲協会に出していた辞表が、3月6日、静養先の箱根から帰った武蔵川理事によって、正式に受理されたもの」（p.76）

辞表提出は1月場所（初場所）の途中だろうか、それとも3月場所（春場所）番付の発表後だろうか。いずれが正しいのだろうか。そのことがはっきりしなかったので、29代庄之助（錦太夫）に確認の手紙で尋ねた[9]。参考のために、次にそれを示す[10]。

---

7) 著者の山田義則氏は25代木村庄之助の長男である。最近、亡くなられた。
8) 25代木村庄之助野辞表提出については当時の新聞等でも大々的に報道されているので、辞表提出が番付発表直後であることは間違いない。「辞表提出日」が1月場所中であるかのような記述になっているが、これは表現上の「勇み足」に違いない。

第5章　立行司の空位

① 質問：25代庄之助の辞表を持って大阪滞在の師匠に会い、了承を受けていますが、師匠が大阪に滞在していたのは大阪場所の準備のためだったでしょうか。

回答：「春場所担当責任者、二所ノ関理事（元大関佐賀ノ花）。2月と3月は大阪に滞在。」

② 質問：大阪に行ったのは2月中旬ですか、下旬ですか。それとも3月上旬ですか。

回答：「この昭和47年3月場所は初日3月14日。当時私は輸送係でしたので、個人行動はできません。全力士（幕下以下）は相撲列車、臨時で移動します。十両以上は個人行動ができます。番付発表の前日等に参ります。ですから2月下旬です。」

③ 質問：師匠の了承を受けた後、親方は東京へ帰り、辞表を協会に提出しています。提出したのは協会事務所ですか、それとも理事長に会い、直接手渡したのですか。理事長が辞表をいつ頃受け取ったのかが気になります。

回答：「辞表を大阪の茨木市の宿舎で二所ノ関親方に見せて、次の日に東京に戻り、翌日蔵前国技館の事務局に行き提出いたしました。理事長に直接、渡したのではありません。庄之助親方は3、4日して引退となりました。ですから、3月場所の番付表には載っています。」

---

9) 錦太夫は29代庄之助のことである。昭和46年当時は「慎之助」という行司名だったが、私は「錦太夫」の名で呼び慣れているので、その行司名をここでも使っている。錦太夫は25代庄之助と同じ二所ノ関部屋に所属していた。当時は十両格だったので、もちろん、付き人ではない。

10) 29代庄之助親方には手紙に書いてある回答を公的にしてもよいという許可を受けてある（2016.5.15）。

137

④ 質問：なぜ25代庄之助の辞表をわざわざ大阪まで持っていったのでしょうか。同じ一門で、付き人だったこともあると思いますが、当時、行司監督ではなかったでしょうか。

回答：「師匠が1月末には大阪に行っています。行司監督ですが、それは関係ありません[11]。同じ所属部屋の関係です。」

⑤ 質問：25代庄之助の辞表を預かったのは2月のいつ頃でしょうか。

回答：「25代庄之助に自宅に呼ばれて（大阪に発つ前の日）、辞表を預かり、師匠に了解を得て、協会に提出するように言われました。本場所初日の2週間前には大阪に行っています。協会に行ったのは3月1、2日ごろと思います。トンボ帰りです。」

　これで明らかなように、辞表提出は番付発表の直後である。すなわち、3月1日か2日である[12]。錦太夫は25代庄之助と同じ一門であり、かつては付き人でもあった。それで、錦太夫は25代庄之助の自宅に呼び出され、辞表

---

11) 錦太夫（慎之助）は当時、行司監督の一人だったが、辞表を預かったのは監督だったからではない。25代庄之助と同じ一門だったし、かつて付き人をしていたからである。これは直接29代庄之助親方に確認した。ちなみに、昭和47年1月の行司監督は正道、玉光、慎之助の3名である。

12) 初日は3月12日（日曜日）である。番付発表が初日の13日前だとすると、3月場所の番付発表は2月28日である。日本相撲協会広報部・相撲博物館編『大相撲八十年史』（H17、p.130）によると、辞表提出は3月1日となっている。また、『日刊スポーツ』や『スポーツニッポン』など、当時の新聞でも3月1日に辞表は提出されたと報じている。この3月1日を正確な期日とすると、錦太夫はその日に事務局に行ったことになる。そうなると、2月27日から29日のスケジュールに1日のズレがある。番付発表の前日（27日）にはすでに大阪にいて、翌日（28日）には東京に向かっているからである。29日に何があったかははっきりしない。このズレについて29代庄之助に確認したが、詳しい日程までは記憶にないという。いずれにしても、25代庄之助の辞表提出が番付発表の直後であったことは確実である。29代庄之助親方には今回も手紙や電話で何度かお世話になった。親方にはいつものことながら、感謝している。そのことを記しておきたい。

第5章　立行司の空位

を預かったそうだ[13]。その後、25代庄之助の師匠が滞在していた大阪まで行き、その師匠に会っている。辞表を見せた際、師匠は「本人の意思を尊重するしかないなあ」という趣旨の言葉をつぶやきながら、許可したという。師匠の許しを受けた錦太夫は東京に戻り、辞表を3月の1日か2日に協会事務局の高橋氏に提出している[14]。理事長は当時、静養で箱根の温泉に滞在していた[15]。理事長が辞表を正式に受理したのは3月6日である[16]。

　この辞表提出日は立行司の空位と直接関係ない話だが、辞表の提出をめぐる問題と絡むので、ここで取り上げることにした。謹慎処分を科されて「ただちに」辞めるのと、少し間をおいて辞めるのとでは、25代庄之助に対する第三者の受け止め方が違ってくるかもしれない。

---

13)　大阪へ発つ前日に辞表を預かり、翌日大阪へ発ち、その日の夜に師匠に会っている。その翌日は部屋の土俵開きを行い、その日に東京へ発ち、協会の事務局を訪ねた。辞表を提出した後、ただちに大阪へ戻っている。随分あわただしい日々だったが、25代庄之助の辞表提出という重大な任務だったので、無我夢中だったそうだ。その出来事を巡る一連の動きは鮮明に記憶に残っているという。ところで、錦太夫は25代庄之助の自宅を訪ね、辞表を預かった際、軍配を一本いただいたとも語っていた。

14)　『スポーツニッポン』（3月7日）によると、辞表は行司世話役（著者注：監督）の木村正信（著者注：正直の誤り）を通じて理事長に手渡したと書いてあるが、それは事実ではないらしい。錦太夫は22代式守伊之助に見せようとしたが、不在だったので一人で協会事務局に持っていき、森島主事に提出している。

15)　『スポーツニッポン』（3月7日）によると、辞表を提出した日、九州の温泉保養地に滞在していたと書いてあるが、それも事実ではなさそうだ。『大相撲』（昭和47年4月号）の「庄之助はなぜやめた！」（p.76）や『サンケイスポーツ』（3月7日）によると、理事長は「静養先の箱根」から帰り、3月6日に辞表を正式に受理している。

16)　『スポーツニッポン』（3月7日）によると、辞表は内々には3月2日に受理されている。辞表が提出された後、理事長は審判部長や何人かの関係理事と電話で相談し、早い段階で辞表の受理を決断している。立行司の22代式守伊之助と行司監督の木村正直のうち、どちらに先に通告したかははっきりしないが、新聞記事によると木村正直に通告している。辞表を直接持っていった錦太夫には通告していない。正直か伊之助が25代庄之助には理事長の決断を伝えたに違いない。理事会で正式に受理されたのは3月6日である。

139

25代庄之助は二度辞表を提出している。一度目はストライキに入る前である。ストが解決したとき、それを撤回している。二度目は3月場所前である。番付編成会議後に受理されているので、3月場所の番付には名前が掲載されている。辞表提出のタイミングをめぐってはいずれの場合も評価が分かれる。一度目の辞表提出のときからすでに行司を辞める覚悟はあったが、提出のタイミングをめぐって意見が分かれる。辞める覚悟はあったにしても、一度目は提出していた辞表を撤回し、二度目は謹慎処分を科された日からずっと後で提出しているので、どの立場から見るかによって評価が分かれる。

(3) 庄之助の空位は初めて

　番付表に記載してあるにもかかわらず実際には出場しないケースが過去にも幾度となくあったが、立行司が番付上空位になったのは昭和47年5月場所が初めてである。これについては24代庄之助も『大相撲』(昭和47年5月号)の新田勝筆「その後の四庄之助」(pp.57-61)の中で次のように語っている。

　　「庄之助(著者注：25代)がやめたあと、すぐに庄之助をつくらないのもうなずけませんな。庄之助があいたことなんてないですよ。少し歴史というものを考えなければ……」(p.59)

　これまでは立行司が空位になると、それを常に補充するのが伝統だったが、これも昭和47年5月で途絶えた。25代木村庄之助が3月場所で辞めているにもかかわらず、5月場所で22代式守伊之助を26代木村庄之助に昇格させなかったからである。これについて、武蔵川理事長は3月場所中(8日目、19日)の記者会見で次のように語っている。

　　「行司は新規約で抜てき制度をとることになっており、一年間を総合して決めるため、庄之助の後任人事は九州場所後に決定する」〔『サンケイスポーツ』(昭和47年3月20日)〕

140

第5章　立行司の空位

　行司の抜擢制度は昭和46年1月に決まったので、早速それを適用したことになる。昭和47年5月場所以降、立行司の空位は幾度も起きているが、立行司襲名にも抜擢制度が適用されていることになる。抜擢制度の基準が客観的であれば、その是非を論ずることもできるが、残念ながらそれがはっきりしない。

(4) 理事会で立行司は決める

　立行司を決めるのは理事会である。その理事会で選任されるまで、誰が立行司になるかはわからない。誰が選任されるかという予測はあっても、それは予測の域をでない。理事会ではその予測に反する人事が決まることもある。順当な人事であれば、式守伊之助になるのは三役筆頭である。しかし、立行司は抜擢人事で決まることもある。すなわち、三役の二番手や三番手が先輩を飛び越えて式守伊之助に抜擢されるのである。実際、このような人事が過去には少なくとも4度あった。

　立行司の選任は理事会の専権事項であることから、選任された行司でさえ理事会が終了するまでわからない。一般的には、選任されると、理事長室に呼ばれて「選任されたこと」を告げられる。すなわち、内定通知をもらうのである。23代伊之助は内定通知をもらったときの様子や心境などを『大相撲』（昭和49年2月号）の小川武筆「19代ゆずりの軍配を握って―23代式守伊之助誕生」の中で次のように語っている。

　　「"新・伊之助誕生"は、昨年（著者注：昭和48年）九州場所千秋楽直後に決まった。大方の人も予想していなかったし、当の玉治郎も寝耳に水であった。
　　伊之助　『千秋楽の朝、協会理事会があり、庄之助さんが呼ばれた。私は行司監督をやっていたのでお供した。そしたら、いま役員一同で、わたしを23代伊之助にすると決めたという"辞令"をちょうだいして、びっくり、一瞬戸惑いました。全く予想もしていなかったのですから……』」（p.82）

　現在でも、立行司に内定した行司は理事長室に呼ばれて、理事会で内定し

141

たことを伝えられている。そのとき初めて、行司は立行司に選任されたこと
を知るのである。

(5) プレッシャー

　新しく選任された立行司はその地位に就いたとき、どういう気持ちかをよ
く尋ねられるが、これは、どちらかと言えば、尋ねる必要もない問いかけで
ある。年功序列で昇格した場合と先輩を飛び越えて昇格した場合とでは、同
僚に対する気配りにも違いがある。これは人情として当たり前である。この
ような問いかけには建前と本音のどれを強調して答えているかを見るだけで
十分だ。23代伊之助は『大相撲』(平成3年1月号)の新山善一筆「27代木村
庄之助—54年の軍配人生に幕」(pp.120-1)の中で次のように語っている。

　「それにしても27代庄之助は運のいい男といわれている。年功序列が重んじ
　られたこの社会では、先輩を追い抜くことは、まず考えられなかったが、武
　蔵川理事長時代の48年11月には行司の抜てき制度が打ち出され、先輩2人を
　抜いて、立行司の式守伊之助を襲名、48歳という史上最年少のデビューで、
　軍配は師匠のひげの伊之助が引退の時作らせた黒漆塗りの見事なものが贈ら
　れた。
　　『うれしいというより、大変なプレッシャーでした。無事に務まるかどうか
　という不安ばかりでした。49年1月場所、"先導は式守伊之助"という場内マ
　イクに思わず、震えがきましたよ』と感激を新たにしていた。」(p.121)

　これとほとんど同じ趣旨の記述は27代木村庄之助自伝『ハッケヨイ残っ
た』(H6)の「立行司に昇進」(pp.109-48)の中にも見られる。

5. 平成6年1月と3月の空位

　平成6年(1994)1月場所と3月場所には立行司が2人とも空位になってい

142

る。これは歴史上初めてのことである。協会は三役行司3人の中から次の伊之助を選任することにした。3人を同じ資格とみなし、同じ土俵で審査したのである。これも珍しいことである。このときにはすでに抜擢制度があったのだから、筆頭の善之輔に疑問があれば二番手の錦太夫を抜擢すればよいはずである。また、錦太夫に疑問があれば三番手の勘太夫を抜擢すればよいはずだ。しかし、協会はその制度を活用しないで、3人を競い合わせ、その中から適任者を選任することに決めている。

(1) 三役行司3人を審査する

三役行司3人の審査の様子について、たとえば『大相撲』（平成6年6月）の三宅光司筆「異色調査　立行司になるまで」では次のように述べられている。

> 「　　　　　　　立行司になるまで〈錦太夫が立行司選考に合格〉
> 三役格行司式守錦太夫が立行司に昇格、5月場所から第28代式守伊之助として国技館の土俵に登場した。
> 先代の伊之助は昨年7月場所限り65歳の定年で土俵を去り、2場所後には庄之助も定年で立行司不在となったが、協会は直ちにこれを補充することなく、善之輔、錦太夫、勘太夫の三役格行司の中から適任者を選ぶこととし、今年1月、3月の両場所は、立行司の仕事の見習いの形で、裁きの登場順や横綱土俵入りの介添えを交代で務めていた。その結果錦太夫がお眼鏡にかない、めでたく立行司に昇格、伊之助を襲名したものだ。」（p.135）

これと同様なことは、たとえば『大相撲』（平成6年5月号）の野崎誓司筆「モットーは『平常心』— 新・28代式守伊之助のプロフィル」でも確認できる。

> 「昨年（著者注：平成5年）、27代伊之助と28代木村庄之助が相次いで定年退職、今年初、春場所と大相撲史上初の立行司不在となった。

143

従来、とぎれることなく、まずは年功序列のバトンタッチがあったのだ
が、協会サイドの『役不足』の理由で『待った』がかかっていた。
　おまけに三役格行司3人による『出世競争』を余儀なくされた。後輩二人
との『ともえ戦』であった。『お互いに50歳を過ぎての試練は大変でした。
プレッシャーがあったですね』」(p.81)

　二番手の錦太夫が選考に合格したが、結果的には筆頭の善之輔を飛び越え
たことになる。善之輔は年齢が錦太夫より上だったため、木村庄之助に昇格
できなかった。

(2) 審査内容は不明である

　審査の対象になった3人のうち、錦太夫は審査を受ける際、どの点が評価
されたのかわからないと語っている。それは他の2人も同じだったに違いな
い。協会も審査することは発表したが、どういう点を評価するかは公表して
いない。錦太夫が選考の過程や評価などについて『大相撲』(平成9年5月)
の「新山善一のぶちかまし問答(第16回)—29代木村庄之助」の中で語って
いる。

「新山　錦太夫、善之輔、勘太夫の三人が立行司候補に挙げられて、選考試験
　のような土俵でしたね。見ていても、プレッシャーがありありと感じられ
　ました。
　庄之助　先代からいろいろ指導を受けながら土俵に上がったわけですが、み
　んな同じ思いだったんじゃないですか。平成6年の1月と3月場所でした
　が、緊張しましたね。力士の場合は勝ち負けがすべてですが、行司の場合
　はどんな点が評価されるのかわからないので、とにかく毎日の土俵にも気

---

17)　協会は春場所千秋楽に「三役格行司の式守錦太夫を第28代式守伊之助に昇格させる」
　　と発表している〔『大相撲』(1994年5月号)の野崎誓司筆「モットーは『平常心』
　　—新・立行司　28代式守伊之助のプロフィル」(p.81)〕。

合が入りました[17]。」（p.84）

　全般的な行司ぶりを判断したのは間違いないが、評価する基準が漠然としている。そういう審査なら、普段の行司ぶりをみて選任すればよいはずだ。三役行司までは考課表に基づいて普段から審査されているからである。3人の行司ぶりはすでに決まっていたのにわざわざ競い合わせるというのは何か他に理由があったような気もするが、それはあえて問わないことにしよう。

(3) 29代木村庄之助の自伝

　立行司昇格時の心境について、29代木村庄之助は自伝『一以貫之』（H14）の「試練　複雑だった『立行司昇格』」の中で次のように述べている。引用文が長いが、審査を受けた当事者の心情がよく記されているからである。

　　「立行司は行司の最高位、力士で言えば横綱に相当する階級です。平成5年の7月場所に27代式守伊之助（福井英三、大阪府出身）が引退、さらに11月場所では28代木村庄之助（後藤悟、山形県出身）がともに定年退職し、立行司がいなくなりました。

　　行司の世界は年功序列が基本で、序列は入門順に決まり、昇格もその序列順に行われるのが普通です。次の『伊之助』はまず、三役格行司の中から選ばれるはずでしたが、相撲協会は後任をすぐに選ぼうとしませんでした。

　　当時、三役格行司は私を含めて3人いました（木村善之輔、式守錦太夫、式守勘太夫）。『立行司にふさわしい経験、力量がまだ足りない』というのが理由です。

　　私は複雑な心境でした。3人の中で初土俵が最も早く、行司歴が長かったのは私でしたから…。しかし、小学校の途中から入門した私は、中学卒業が同世代の行司より遅れ、3人の中での序列は二番目でした[18]。

　　協会は、3人の行司ぶりをテストし、それによって決める方針でした。立行司不在の異常事態にマスコミも注目し、新聞やテレビが『ポスト立行司争い』と報道するようになりました。

それからの二場所というものは、毎日が"針のむしろ"でした。土俵上で何かミスがあれば間違いなく脱落です。しかも、テレビや観客の目にもさらされた『立行司争い』となり、客席から遠慮のないヤジが飛んだこともあります。

重圧に押しつぶされそうになり、高野山金剛峯寺の竹内崇峯大僧正から頂いた軍配を手に土俵へ上がったのはこのころです。この軍配には大僧正の揮毫による『平常心』の文字を刻んでいました。

そんな私を見守っていた妻の忍は、もって大変な思いをしていたことが後で分かりました。私以上に心労を重ねた妻は6年3月、大阪場所の最中に自宅で倒れ、救急車で病院に運ばれました。過度の心配ごとが原因で自律神経を患い、激しいめまいを伴うメニエール病を起こしたのでした。

昇格争いは二場所にわたり、結局、大過なく残ったのは私でした。その時の胸中は、正直言ってほっとしましたが、何かやり切れない思いがしました。後日、マスコミから私の立行司昇格の感想を求められた妻はこう話していました。

『うちは良かったかもしれませんが、あとのお二人にもご家族がいらっしゃることを思うと、素直に喜べない気がします』」(pp.150-2)

これを読めば、当時の審査の様子をかなり知ることができる。立行司を目前にし、改めて競い合わねばならないとは過酷である。理事会も競い合わすのではなく、抜擢制度を適用したほうがよかったかもしれない。3人の中で

---

18) 昭和27年頃（実際は昭和26年）、入門順の序列が義務教育終了順に変更された。後輩の3、4人が上位になり、そのあおりで序列が下位に降下されたのである。「いずれ元の序列に戻す」と当時言われていたが、元に戻ることはなかった。理事は変わるし、口約束なので、いつの間にか立ち消えになってしまったのである。これについては『大相撲』（平成6年5月号）の野崎誓司筆「モットーは『平常心』」(p.81)にも語っているが、私にも同じ趣旨のことを親方が語っていた。当時、序列の変更がたびたび行われている。これについては拙著『大相撲行司の房色と賞罰』(H28)の第5章「行司の入れ替え」でもやや詳しく扱ってある。

優劣をつけられなかったのならば、年齢順に立行司に昇格させればよいのではないか。そうすれば、3人とも木村庄之助を務めることができる。いずれにしても、協会は当時、3人を競い合わすことに決定したわけだから、それを認めなければならない。立行司の選任は理事会の専権事項である。

6. 29代庄之助への質問

　平成28年（2016）5月7日に29代庄之助親方に手紙を出し、平成6年（1994）1月場所と3月場所の「競い合い」についてお尋ねしたところ、5月10日に返信をいただいた。質問は5項目だが、それぞれについて回答があった。それをここに掲載しておく。それぞれの回答の後に私の短いコメントも書いてある。人事には微妙な問題が背景にあり、触れてよいものと触れてはいけないものが混在している。その線引きは必ずしも容易でない。5つの質問事項にしても、また私の短いコメントにしても、客観的な事実だけに留めるように務めてある。なお、活字になることは庄之助親方の了解を得ている。

(1)　質問：立行司は理事会で決めると思いますが、誰が理事会にその人事を進言するのですか。

　　　回答：「理事会は毎場所（8日目）に開きます。議題は理事長から。理事10名、監事3名。現在は副理事に名称変更されている。

　　　　　平成6年（1994）の理事と監事
　　　　理事
　　　　　　出羽海（理事長）　　　　　元（佐田の山）
　　　　　　立浪　　　　　　　　　　　（羽黒山）
　　　　　　時津風　　　　　　　　　　（豊山）
　　　　　　伊勢ケ浜　　　　　　　　　（清国）
　　　　　　大鵬　　　　　　　　　　　（大鵬）

陣幕	（北の富士）
春日野	（栃ノ海）
高砂	（富士錦）
佐渡ケ嶽	（琴桜）
枝川	（北葉山）
監事（発言はできるが評決権はありません）	
北の湖	（北の湖）
玉垣	（若浪）
二子山	（貴ノ花）」

コメント：立行司の人事は理事会の専権事項である。三役筆頭の善之
輔をすんなり伊之助に昇格させず、三役3人を同じ土俵で審査
し、その中から伊之助を決めると判断したのは理事会である。
なぜそのような判断になったかはわからない。三役筆頭の善之
輔をすんなり伊之助に昇格させることに理事会として疑問が
あったなら、二番手の錦太夫か三番手の勘太夫のいずれかを抜
擢人事するという方法もあったはずだ。しかし、理事会はそれ
を選択せず、3人の三役を同じ土俵で競い合わせるという選択
をしている。

(2) 質問：親方が伊之助になる前、三役行司の3名が競い合いましたが、
誰が審査していたのですか。それは特別に設置された審査委員
会でしたか、それとも通常の審査委員でしたか。

回答：「上記の方々が審査したと思いますが、どのように審査したの
か、誰が委員になったのか、知りません。」

コメント：理事全員で審査したのか、決められた何人かで審査したの
か、今でもわからないそうだ。3月場所最終日の2日前に理事
長室に呼ばれて、錦太夫さんが次期伊之助に決定したことを告
げられたとき、そこには何名かの理事がいた。その方々が審査

第5章　立行司の空位

員だったのか、たまたま居合わせていただけなのかはわからないという。いずれにしても、審査委員が誰であれ、その審査に基づいて理事会で決定しているわけだから、誰が審査したかは秘密事項として扱ってよい。理事側としては誰が審査するかを公表していないし、また、その必要性もない。

(3) 質問：御著『一以貫之』(H14) に「立行司にふさわしい経験、力量がまだ足りない」(p.150) ので審査するのだと書いてあります、この言葉は誰が、どこに公表したものですか。

　　　回答：「これは理事長です。平成6年1月場所前、理事長室に3人が呼ばれました。このとき、立行司のする仕事を1月、3月場所で審査するので、15日間、結びの取組を合わすように3人の順位を替えて経験して下さいとのことでした。」

　　　コメント：12月下旬に理事長室に3人が一緒に呼ばれ、審査する旨の話をされたという。これと同じ趣旨の発言をテレビインタビューで当時の理事長も語っているそうだ。

(4) 質問：『大相撲』(昭和52年 (1977) 7月号) の「新山善一のぶちかまし問答」対談記事の中で、「行司の場合はどんな点が評価されるのか分からないので、とにかく毎日の土俵にも気合いが入りました」と語っています。現在、振り返ってみて、実際は何を評価していたと思いますか。

　　　回答：「現在、振り返ってみても何を評価したかわかりません。一つ思うことは3月場所、善之輔君が差し違いしたことです。」

　　　コメント：何を審査されるのかも知らされず、ただ「審査される」というのは何か割り切れないものがある。しかし、事実はそうだったらしい。理事会には序列に基づく人事に何か割り切れないものがあったはずだが、それが何でなったかは憶測の域を出ない。以前、三役最下位の玉治郎が23代伊之助に、また幕内

149

四番手の錦太夫が三役に、それぞれ同時に抜擢されたとき、
「公的な審査」を何もしていない。行司の審査をせず、理事会
で抜擢人事を行っているのである。

(5) 質問：現在でも、三役行司はそれぞれ同等の地位ですか。昇格順序で
地位は決まっているはずなのに、3人を一括りにして審査する
というのはどこかおかしいという気がします。伊之助に決める
のは確かに理事会ですが、三役筆頭を伊之助にできなければ、
二番手の三役が最も近い候補者だと思います。それは間違った
考えですか。善之輔さんに疑問があれば、次席の錦太夫さん、
そして錦太夫さんに疑問があれば、三番手の勘太夫にすればよ
いはずです。しかし、当時、3名を同じ土俵で競い合わせてい
る。何か不思議な感じがするが、当事者だった親方はそれが当
然だと考えていたでしょうか。

回答：「このことは定年退職の場所（平成5年11月場所）で28代庄之助
親方から聞きました。毎日順位を替えての話……替えないで審
査してくれるようにお願いしてくださいと頼みましたが、この
場所での返事はありませんでしたので、12月の巡業の際3人で
（善之輔、錦太夫、勘太夫）話し合いました。もう一度お願いし
てだめならやるしかないと決断しました。」

コメント：錦太夫さんは当時行司監督をしていたので、個人的に28
代庄之助に普段の順序で裁くようにしてくださいとお願いした
ようです。ところが、28代庄之助から何の返事もなかったそ
うです。28代庄之助はもう11月場所後には引退しているので、
お伝えしなかったか、理事長（出羽海）がそのお願いを聞き入
れなかったのかはわからないとのことです。いずれにしても、
錦太夫さんのお願いは聞き入れられなかった。それで、3人で
相談し、毎日交代で最後の取組を裁くようにしたという。

第5章　立行司の空位

　この手紙を読んでわかったことは、3人を競い合わせることはすでに11月
場所中には決まっている。もしかすると、それ以前に決まっていたかもしれ
ない。理事会で正式に決まる前に、理事長と28代庄之助は非公式に話し合
いをしていたようだ。すなわち、審査をすることは理事会の決定になってい
るが、理事長がそうしたいと事前に考えていたのである。理事長は三役筆頭
の善之輔をすんなり伊之助に昇格させることに何か心に引っかかるものが
あったようだ。理事長も28代庄之助も善之輔と同じ一門だから、人情的に
は善之輔を伊之助にすんなり昇格させてもおかしくない。しかし、あえてそ
れを選択していないのである。

7. 平成23年（2011）1月に始まる空位

　この空位には木村玉光の健康状態が大きく影響している。玉光は伊之助昇
格を二度辞退している。一度目は、三役二番手の木村庄三郎が39代伊之助
に昇格したときである[19]。玉光は病気のため、体調が芳しくなかった。二
度目は、39代伊之助が37代庄之助に昇格し、伊之助が空位になったときで
ある。脳梗塞であることがわかり、病状も悪化し、蹲踞も困難になってい
た。幕内土俵入りや横綱土俵入り、それに土俵祭りなどで蹲踞ができないと
なると、それを行うことができなくなる。仕事に支障をきたすわけである。
本人の健康上の理由なので、伊之助に昇格できないのはやむを得ない選択
だった。

　師匠の放駒親方（理事長）から「体の調子はどうだ？　大丈夫か」と尋ね
られ、玉光は「あまり良くない。伊之助の話は辞退します。行司は続けたい

---

19)　三役筆頭の玉光は平成23年（2011）11月場所から式守伊之助襲名を打診されていた
　　ようだが、体調不良で辞退している。理事会で正式に決まった後に打診されたかど
　　うかは不明。当時の理事長（魁傑）は同じ放駒部屋で師匠でもあることから、師匠
　　は玉光の健康状態は十分わかっていたはずだ。理事会に議題として出す前に玉光に
　　体調を尋ねたかもしれない。そしてそれを理事会に報告した可能性もある。

151

と思う」という趣旨の返事をしている。これは部屋や玉光本人と密接な関係にある方から私自身もじかに聞いている。また、そういう噂は相撲関係者の中では広く流布していて、伊之助の辞退は暗黙に受け入れられていた。力士の土俵入りを先導したり土俵祭りを行ったりするとき、蹲踞の姿勢が取れないとなると立行司としての職務を十分に果たすことができない。玉光自身もあれこれと思い悩んだに違いない[20]。

8. 38代庄之助の空位

平成28年（2016）5月現在、38代庄之助は空位である。それは平成27年（2015）5月から続いている。なぜ空位のままなのかはわからない。協会側が何らかの発表しているかもしれないと調べてみたが、そのような発表は見つからなかった。相撲愛好者にも尋ねてみたが、やはり見たことも聞いたこともないという。伊之助親方に会う機会が何度かあったので、失礼なことと知りながら、尋ねてみた。そういうものはないという。伊之助親方は「自分の技量不足」のせいだと語っていたが、それは謙遜した自己評価である。

協会が庄之助に昇格させないのは事実なので、何か理由があるはずだが、それがまったくわからない。表向きに何か言葉があってもよさそうなものだ[21]。人事に関することには公表できないこともあるかもしれないが、公

---

20) 立行司を目前にし、その立行司になれなかったのは何人かいるが、それを自ら断った三役行司としてはまったくいないわけでもない。たとえば、三役だった木村清之助は老齢を理由に立行司になることを辞退している〔『大相撲』（昭和18年1月号）の囲み記事「故木村清之助のことなど」（p.44）／『大相撲』（昭和54年9月号）の「22代庄之助一代記（第12回）」（p.148）〕。12代式守伊之助（2代誠道）は立行司（式守伊之助）だが、老齢を理由に最高位の木村庄之助襲名を辞退している〔『春場所相撲号』（大正12年1月号）の「46年間の土俵生活―12代目式守伊之助」（pp.108-11）〕。

21) どんな事態であれ、8場所も空位のままだと、やはり表向きのもっともらしい言葉がほしい。その言葉に納得するか否かは別として、相撲ファンも心が収まる。

表できるものもあるはずである。空位のままにしておくと、いろいろな憶測
が飛び交うようになる。そういう問題を解消するためにも、協会は空位の理
由を公表したほうがよい[22]。この本が出る頃には、現伊之助は38代庄之助
を襲名しているはずだ。それでも、なぜ空位のままであったかはやはり知り
たいところだ。

9. 結び

　立行司に空位があれば、直ちにそれを補充するという伝統が以前はあった
が、その伝統は昭和47年5月場所で途絶えた。理事会で今後一年間は式守伊
之助を補充しないということが正式に決まったのである。その決定を下すに
は当時、それなりの理由があった。空位の間、誰が適任かを考査していた
が、空位のままにしておくことにはそれなりの事情があったに違いない。そ
の理由の一つはいわゆる「行司の反乱」と呼ばれる事件がある。行司のスト
ライキはわずか2日間で終結したが、理事側と行司側に後遺症が残ったはず
だ。理事側と行司側に深い溝ができてしまい、行司の人事権を持つ理事側は
ただちに立行司を決めることに慎重になったのである。
　このときの空位が先例となり、その後、立行司の空位が幾度となく繰り返
されている。その都度、空位にする理由は異なるが、空位が繰り返されてい
ることは事実である。相撲規定を見ても常に立行司はいなければならないと
いうことはない。また、年功序列で立行司は決まるという規定もない。立行
司は抜擢で決めることもできるという規定がある。その規定はこれまでもと
きどき適用され、三役の二番手や三番手が先輩行司を飛び越して伊之助に昇
格している。もちろん、席次は年功序列で決まっているので、行司側に落ち

---

22)　行司の昇格は基本的に抜擢制を適用して決めることなので、候補者の式守伊之助が
　　木村庄之助を襲名するのに適しているかどうかを見定めているのかもしれない。そ
　　れにしても、空位期間が長すぎる。

度がなく、理事側のお眼鏡に叶えば、三役筆頭が順当に伊之助を襲名する。

立行司を決めるのは理事会の専権事項であり、行司側はまったく関知しない。すなわち、誰を立行司にするかは理事会が決めることである。行司側はそれを静かに見守るだけである。こういう事情から、三役筆頭行司でも間違いなく伊之助に選任されるかどうかはまったくわからない。年下の二番手が伊之助に選任されれば、年上の筆頭行司はもう木村庄之助を襲名することはできない。昭和47年（1972）以降[23]、三役二番手や三番手が先輩行司を飛び越えて伊之助になったケースは4回ある。23代伊之助（玉治郎）、28代伊之助（錦太夫）、39代伊之助（庄三郎）、40代伊之助（錦太夫）である。

昭和47年5月以降の空白を調べてみると、立行司の1人に空位があったのは10回以上あり、その空位期間もさまざまである。空位があれば、そうする理由が必ずある。というのは、立行司の空位があれば補充するのが普通だからである。補充しないで空位にする場合は、何か理由があるはずだと考えるのは自然である。空位があるたびに理由も異なるはず。人事は固定したものではなく、時の流れの中で決めるものだからである。したがって、空位の理由に関心があれば、それぞれの空位について調べる必要がある。公的な理由が発表されている場合もあるが、そうでない場合もある。

理事側は空位にする理由として候補者の「力量不足」（あるいは「役不足」）を語ることがある。これは便利な言葉だが、実に意味があいまいな言葉でもある。立行司を選任する場合、「力量不足」とはどういう意味だろうか。候補者の何が「不足」しているのだろうか。これまで立行司の審査を受けてきた行司は何を審査されていたかわからないと語っている。審査する側が何を審査するかも告げず、ただ審査して適任者を選任すると言っても、審査される行司は戸惑うばかりである。理事側が理想とする立行司像があれば、それを公的に発表するなり行司に示したりしたほうがいい。具体的なことを伝え

---

23) 昭和46年以前であれば、昭和26年に木村庄三郎が木村玉之助を抜いて式守伊之助になっているし、それ以前にも木村清之助が後輩行司に抜かれたりしている。木村清之助は老齢を理由に自ら昇格を辞退したようだ。

第5章　立行司の空位

なければ、審査は恣意的なものになってしまう。また、行司も何を修正すればよいのか戸惑ってしまう。

　理事側が人事権を持ち、立行司を選任するわけだから、理事側がどういう立行司を求めているかを何らかの形で示すことが肝要である。そういう理想像があれば、立行司候補者だけでなく、幕内以下の行司もそれに近づこうと努力するはずだ。また、立行司候補者がたとえ選任されなくても、納得するはずである。理事側の理想像が行司側の実態と合わなければ、相互に話し合い、納得のいく立行司像を作り上げればよい。理事側が人事権を持っているのだから、理事側はまずどういう立行司が望ましいか、それを示すことである。そして、それを文書の形で残すことである。そうすれば、あとから行司の世界に入ってくる人はそれを見て、その行司像に近づくよう努めることになる。

　現状でも伊之助を選任するのに審査をする必要ないかもしれない。というのは、三役行司は現在でも「番付編成要領」に基づいて普段から成績評価をされている。それは考課表として理事側に提出されている。つまり、三役行司までの成績評価を理事側は把握していることになっている。もちろん、三役行司もそれぞれ成績評価をされている。その中の成績優秀者を式守伊之助にすればよいのである。二番手や三番手が選任されれば、抜擢人事となる。筆頭が選任されれば順当な人事である。なぜ立行司に限って、三役までの成績評価をなかったことにし、その三役を改めて審査するのだろうか。現状の成績評価に自信があれば、その三役の中ではすでに優劣はついているはずだ。

155

【資料】 立行司と三役行司の番付状況

　立行司の1人に人事の動きがある場合は、特に記号 ◎ で示してある。動きがない立行司は行司名の後に「在位」をつけてある。掲載の順序は木村庄之助が先、式守伊之助がその後である。そうすれば、いずれが空位であったか、そうでなかったかが一目で見分けられる。簡略化のため、昇格は矢印で示してある。左側の行司が右側の地位に昇格している。三役行司の場合、その席順は記載順である。なお、この参考資料は番付表に基づいているが、正確を期す必要がある場合は番付表にじかに当たることを勧める。

S47（1972）.1
- ・　25代庄之助在位
- ・　22代伊之助在位
- ・　25代伊之助は8日目の貴ノ花対北の富士の取組で差し違えをし、7日間の謹慎処分を受けた。

S47（1972）.3
- ◎　25代庄之助　　　　　　　廃業
- ・　22代伊之助在位
- ・　25代庄之助は1月場所8日目に7日間の謹慎処分を受けた。3月1日に辞表を提出し、6日に正式に受理された。番付編成後の辞表提出だったので、番付表には掲載されているが、3月場所には、もちろん、出場していない。

S47（1972）.5～S47（1972）.11
- ◎　庄之助　　　　　　　　　空位
- ・　22代伊之助在位
- ・　三役：正直、伊三郎、玉治郎

S48（1973）.1
- ・　22代伊之助→26代庄之助襲名

S48（1973）.1～S48（1973）.11

第5章　立行司の空位

◎　伊之助　　　　　　　　　空位

S49（1974）.1

- ・　26代庄之助在位
- ・　玉治郎→23代伊之助襲名
- ・　玉治郎は三役三番手で、上位2名を飛び越えた。
- ・　三役：正直、伊三郎、錦太夫
- ・　錦太夫は幕内四番手で、上位3名を飛び越えて三役に昇格した。

S49（1974）.1～S51（1976）.1

- ・　26代庄之助と23代伊之助がともに在位。

S51（1976）.11

◎　26代庄之助　　　　　　　定年

- ・　23代伊之助在位

S52（1977）.1～H52（1977）.9

◎　庄之助　　　　　　　　　空位

- ・　23代伊之助在位
- ・三役：正直、伊三郎、錦太夫

S52（1977）.11

◎　23代伊之助→27代庄之助襲名

◎　木村正直→24代伊之助襲名

- ・　三役：伊三郎、錦太夫、与太夫
- ・　与太夫は三役に昇格した。

S52（1977）.11～S59（1984）.3

- ・　26代庄之助と24代伊之助がともに在位。

S57（1982）.1

- ・　幕内二番手の庄太郎が筆頭に昇格した。その結果、筆頭の筆之助は
二番手に降格した。

S58（1983）.1

- ・　幕内二番手の筆之助は幕尻に降格した。その結果、二番手の勘太夫
以下は一枚ずつ昇格した。

S59（1984）.3

- ・ 27代庄之助在位
- ◎ 24代伊之助　　　　定年

S59（1984）.5

- ・ 27代庄之助在位
- ◎ 錦太夫→25代伊之助襲名
- ・ 錦太夫は三役二番手で、筆頭の伊三郎を飛び越えた。
- ・ 伊三郎と庄太郎はそのまま据え置かれた。

S59（1984）.5〜H2（1990）.11

- ・ 27代庄之助と25代伊之助がともに在位。

S60（1985）.1

- ・ 庄二郎が三役に昇格した。
- ・ 三役：伊三郎、庄太郎、庄二郎

S62（1987）.11

- ・ 三役筆頭の伊三郎が死去した。

S63（1988）.1

- ・ 勘太夫が三役に昇格した。
- ・ 三役：庄太郎、庄二郎、勘太夫

H1（1989）.9

- ・ 勘太夫が定年退職した。
- ・ 三役：庄太郎、庄二郎

H2（1990）.1

- ・ 錦之助が三役に昇格した。
- ・ 三役：庄太郎、庄二郎、錦之助

H2（1990）.11

- ◎ 27代庄之助　　　　定年
- ・ 25代伊之助在位

H3（1991）.1

- ◎ 25代伊之助→28代庄之助襲名

第5章　立行司の空位

◎　庄二郎→26代伊之助襲名

・　庄二郎は三役二番手で、筆頭の庄太郎を飛び越えた。

・　善之輔が三役に昇格した。

・　三役：庄太郎、錦之助、善之輔

H3（1991）.1〜H4（1992）.9

・　28代庄之助と26代伊之助がともに在位。

H3（1991）.11

・　錦之助は定年抵触した。

H4（1992）.1

・　錦太夫が三役に昇格した。

・　三役：庄太郎、善之輔、錦太夫

H4（1992）.9

・　28代庄之助在位

◎　26代伊之助　　　　　　　　定年

H4（1992）.11

・　28代庄之助在位

◎　庄太郎→27代伊之助襲名

・　三役：善之輔、錦太夫

H4（1992）.11〜H5（1993）.7

・　28代庄之助と27代伊之助がともに在位。

H5（1993）.1

・　勘太夫が三役に昇格した。

・　三役：善之輔、錦太夫、勘太夫

H5（1993）.7

・　28代庄之助在位

◎　27代伊之助　　　　　　　　空位

H5（1993）.9

・　28代庄之助在位

◎　伊之助　　　　　　　　　　空位

159

H5（1993）.9〜H5（1993）.11

・　28代庄之助在位

◎　伊之助　　　　　　　　空位

・　三役：善之輔、錦太夫、勘太夫

H5（1993）.11

◎　28代庄之助　　　　　　定年

◎　伊之助　　　　　　　　空位

・　三役：善之輔、錦太夫、勘太夫

H6（1994）.1〜H6（1994）.3

◎　庄之助と伊之助　　　　空位

・　立行司二人の空位は歴史上初めて。上位は三役だけ。

・　三役：善之輔、錦太夫、勘太夫

・　1月場所と3月場所、三役筆頭の善之輔、二番手の錦太夫、三番手
　　の勘太夫は同等の立場で審査された。

・　審査の結果、錦太夫が伊之助に選任された。

H6（1994）.5

◎　錦太夫→28代伊之助襲名

・　結果的に、二番手の錦太夫が筆頭の善之輔を飛び越えた。

・　三役：善之輔、勘太夫

H6（1994）.5〜H6（1994）.11

◎　庄之助　　　　　　　　空位

・　28代伊之助在位

・　三役：善之輔、勘太夫

H7（1995）.1

◎　28代伊之助→29代庄之助襲名

◎　善之輔→29代伊之助襲名

・　容堂と庄三郎がそれぞれ三役に昇格した。

・　三役：勘太夫、容堂、庄三郎

H7（1995）.1〜H12（2000）.5

第5章　立行司の空位

- ・　29代庄之助と29代伊之助がともに在位。

H12（2000）.1
- ・　咸喬が三役に昇格した。
- ・　三役：勘太夫、容堂、庄三郎、咸喬

H12（2000）.7
- ・　29代庄之助在位
- ◎　29代伊之助　　　　　　定年

H12（2000）.9
- ・　29代庄之助在位
- ・　勘太夫→30代伊之助襲名
- ・　三役：容堂、庄三郎、咸喬

H12（2000）.11
- ・　29代庄之助在位
- ◎　30代伊之助　　　　　　定年
- ・　30代伊之助は一場所で退職する。

H13（2001）.1
- ◎　容堂→31代伊之助襲名
- ・　光彦と朝之助が三役に昇格した。
- ・　光彦は三役に昇格したとき、光之助に改名した。
- ・　三役：庄三郎、咸喬、（光彦改め）光之助、朝之助

H13（2001）.3
- ◎　29代庄之助　　　　　定年
- ・　31代伊之助在位

H13（2001）.5
- ◎　庄之助　　　　　　　　空位
- ・　31代伊之助在位
- ・　三役：庄三郎、咸喬、光之助、朝之助

H13（2001）.5〜H13（2001）.9
- ◎　庄之助　　　　　　　　空位

161

- ・ 31代伊之助在位
- ・ 三役：庄三郎、咸喬、光之助、朝之助

H13（2001）.11
- ◎ 31代伊之助→30代庄之助襲名
- ◎ 庄三郎→32代伊之助襲名
- ・ 三役：咸喬、光之助、朝之助

H13（2001）.11～H15（2003）.1
- ・ 30代庄之助と32代伊之助がともに在位。

H15（2003）.1
- ◎ 30代庄之助　　　　　定年
- ・ 32代伊之助在位
- ・ 錦太夫が三役に昇格した。
- ・ 三役：咸喬、光之助、朝之助、錦太夫

H15（2003）.3
- ◎ 庄之助　　　　　　　空位
- ・ 32代伊之助在位

H15（2003）.5
- ◎ 32代伊之助→31代庄之助襲名
- ◎ 咸喬→33代伊之助襲名
- ・ 三役：光之助、朝之助、錦太夫

H15（2003）.5～H17（2005）.11
- ・ 31代庄之助と33代伊之助がともに在位。

H17（2005）.7
- ・ 三役の錦太夫が退職した。
- ・ 三役：光之助、朝之助、錦太夫

H17（2005）.9
- ・ 与太夫と孔一がそれぞれ三役に昇格した。
- ・ 三役：光之助、朝之助、与太夫、孔一

H17（2005）.11

第5章　立行司の空位

- ◎　31代庄之助　　　　　　　定年
- ・　33代伊之助在位
- ・　三役の孔一が一童に改名した。
- ・　三役：光之助、朝之助、与太夫、一童

H18（2006）.1

- ◎　33代伊之助→32代庄之助襲名
- ◎　32代庄之助　　　　　　　定年
- ◎　光之助→34代伊之助襲名
- ◎　34代伊之助　　　　　　　定年
- ・　32代庄之助と34伊之助は二人ともこの1月場所後に定年退職した。
- ・　三役：朝之助、与太夫、一童

H18（2006）.3

- ◎　庄之助　　　　　　　　　空位
- ◎　朝之助→35代伊之助襲名
- ・　庄之助は一場所空位となる。
- ・　城之介、勘太夫、与之吉がそれぞれ三役にそれぞれ昇格した。
- ・　三役：与太夫、城之介、勘太夫、与之吉

H18（2006）.5

- ◎　35代伊之助→33代庄之助襲名
- ◎　与太夫→36代伊之助襲名
- ・　三役：城之介、勘太夫、与之吉

H18（2006）.5〜H19（2007）.3

- ・　33代庄之助と36代伊之助がともに在位。

H19（2007）.3

- ◎　33代庄之助　　　　　　　定年
- ・　36代伊之助在位

H19（2007）.5

- ◎　36代伊之助→34代庄之助襲名
- ◎　城之介→37代伊之助襲名

- 　三役：勘太夫、与之吉

H19（2007）.7

- 　三役の勘太夫が定年退職した。
- 　三役：城之介、与之吉

H19（2007）.9

- 　与之吉が勘太夫に改名した。
- 　玉光と庄三郎がそれぞれ三役に昇格した。
- 　三役：勘太夫、玉光、庄三郎

H20（2008）.3

- ◎　34代庄之助　　　　　　定年
- 　37代伊之助在位

H20（2008）.5

- ◎　37代伊之助→35代庄之助襲名
- ◎　勘太夫→38代伊之助襲名

H20（2008）.5〜H23（2011）.9

- 　35代庄之助と38代伊之助はともに在位。

H20（2008）.7

- 　正直が三役に昇格した。
- 　三役：玉光、庄三郎

H23（2011）.9

- ◎　35代庄之助　　　　　　定年
- 　38代伊之助在位
- 　三役：玉光、庄三郎、正直

H23（2011）.11

- ◎　38代伊之助→36代庄之助襲名
- ◎　伊之助　　　　　　　　空位

H23（2011）.1〜H24（2012）.9

- 　伊之助の空位が続いた。

H23（2011）.11

第5章　立行司の空位

- 錦太夫が三役格に昇格した。
- 三役：玉光、庄三郎、正直、錦太夫

H24（2012）.11
- 36代庄之助在位
- ◎ 庄三郎→39代伊之助襲名
- 庄三郎は三役二番手。筆頭の光之助を飛び越えた。
- 光之助は脳梗塞のため体調に不安があった。
- 三役：玉光、正直、錦太夫

H25（2013）.1
- 三役の正直が1月29日死去した。

H25（2013）.3
- 三役：玉光、錦太夫

H25（2013）.5
- ◎ 庄之助　　　　　　　　　　定年
- 39代伊之助在位
- 勘太夫が三役に昇格した。
- 三役：玉光、錦太夫、勘太夫

H25（2013）.7
- ◎ 庄之助　　　　　　　空位
- 39代伊之助在位

H25（2013）.7～H25.9
- 庄之助の空位が続いた。

H25（2013）.11
- ◎ 39代伊之助→37代庄之助襲名
- ◎ 錦太夫→40代伊之助襲名
- 錦太夫は三役二番手だが、筆頭の玉光を飛び越えた。
- 光之助は脳梗塞のため体調にまだ不安があった。
- 三役：玉光、勘太夫

H26（2014）.1

- 玉治郎が三役に昇格した。
- 三役：玉光、勘太夫、玉治郎

H26（2014）.11
- 恵之助が三役に昇格した。
- 三役：玉光、勘太夫、玉治郎、恵之助

H27（2015）.1
- 玉光が定年で退職した。
- 三役：玉光、勘太夫、玉治郎、恵之助

H27（2015）.3
- ◎　37代庄之助　　　　定年
- 40代伊之助在位
- 三役：勘太夫、玉治郎、恵之助

H27（2015）.5
- ◎　庄之助　　　　　　空位
- 40代伊之助在位
- 庄太郎が三役に昇格した。
- 三役：勘太夫、玉治郎、恵之助、庄太郎

H27（2015）.5〜H28（2016）.5（現在）
- 庄之助の空位が続いている。
- 庄太郎が三役に昇格した。
- 三役：勘太夫、玉治郎、恵之助、庄太郎

第6章　軍配の形

　本章は、平成11年（1999）に発表した論考に少し加筆修正を行っている。平成28年（2016）5月現在、瓢箪形を使用しているのは木村庄太郎、木村悟志、式守一輝の3人である。3人とも卵形の軍配も使用している。その他にもときおり瓢箪形を使用している場合があるが、それは先輩が残した軍配をたまたま使用しているにすぎない[1]。平成11年に発表した論考の内容は現在でも基本的に同じである。行司の人事の関係で軍配の文字などに変化があることは確かだが、本数や贈呈の有無などは大きく変化することはない。

1. 関心事[2]

　平成11年1月現在、行司が持っている軍配は、すべて卵形である[3]。しかし、以前は瓢箪形もあった。相撲の本には、ときどき、木村姓は瓢箪形の軍

---

1)　三役行司の木村庄太郎は幕内昇進時に瓢箪形を知人から贈呈され、現在、それを卵形とともに併用している。幕下行司の木村悟志も序二段までは卵形だったが、三段目以降は瓢箪形を使用する傾向がある。また、同じ幕下行司の式守一輝も最近は瓢箪形を使用しているが、悟志の瓢箪形を見本に作ったそうだ。式守姓の一輝が卵形から瓢箪形に変えているのは面白い。現役行司の軍配形に関しては、40代式守伊之助にご協力をいただいた。木村悟志の軍配については、大相撲談話会の水野貴司さんにご協力いただいた。

2)　本章をまとめるのに際しては、相撲博物館で所蔵している江戸時代の錦絵、各種の金剛伝、雑誌、軍配等を参考にした。相撲博物館に感謝の意を表する。

3)　軍配の形に関しては「瓢箪型」と「卵型」が使用されることもあるが、本章では「瓢箪形」と「卵形」に統一してある。実際は、どちらを使用しても特別に問題はない。

167

配、式守姓は卵形の軍配をそれぞれ用いていたと書いてある[4]。本章では、本当にこのような区別があったのか、また現在のように卵形の軍配になったのはいつ頃なのかを調べる。

木村姓と式守姓で軍配の形が違っていたという時期がいつ頃のことか、どの本でも明確に述べていないが、文脈から推測して「幕末」を指しているらしい[5]。しかし、本章では、そのような区別は勧進相撲のどの時期にもなかったことを指摘する。「幕末」にもなかったし、それ以前にもそれ以降にもなかった。

軍配は、大きく分けて、瓢箪形と卵形があるが、それぞれにもいくつか異形がある[6]。本章では、次のように扱う。

・瓢箪形

左右の辺が全体として外側へ丸みを帯びて出ていないか、辺が直線的なもの。具体的には次のような形がある。

　① 四角形のもの
　② 両辺は丸みがあるが、逆三角形のもの
　③ 内側へ凹みがあり、全体として四角形に近いもの

---

4) 本章では、木村家を木村姓、式守家を式守姓として使っている。軍配の形が両家によって区別があったかどうかを調べるには、どちらの表現を使っても問題はない。明治44年（1911）5月までは両家は独立した家であり、入門時にどの姓を名乗るかは決まっていた。

5) 枡岡・花坂著『相撲講本』（S10）には天保年間の『当世相撲金剛伝』を引き合いにだしている。『国技相撲のすべて』（平成8年11月、『相撲』別冊秋季号）には宝暦年間からこのような区別があったと書いてあるが、それは明らかに間違いである。初代式守伊之助は明和4年（1767）に番付に初めて掲載されており、それ以前に式守姓の行司がどんな軍配を用いていたかなどはわからない。『本朝相撲之司吉田家』（T2）によると、享保14年（1729）3月に式守五太夫が吉田追風の門人になったことが記されているが、軍配の形を云々する資料などまったくない。

6) 軍配の形については別の名称もある。また、「形」ではなく「型」を使うことも多い。本章では「形」と「型」を適当に使用している。

第6章　軍配の形

④ 全体として丸みがあるが、上部や下部で内側へ大きく凹みがあるもの

・卵形

左右の辺が全体として外側へ丸みを帯びて出ているか、辺が丸みを帯びたもの。具体的には次のような形がある。

① 鶏の卵のように、中央部に向かって丸みを帯びたもの
② 左右の辺が丸みを帯び、その丸みが外側に向いているもの
③ 上部や下部に凹みがあるが、全体的に卵形であるもの
④ 真丸のもの。勧進相撲以前の唐団扇に見られるもの

卵形の場合、底辺部が柄の部分で完全に丸みを帯びているものもあるし、柄の部分で内側へ少し凹んだものがある。特に、これは幕末の『金剛伝』の中で見られる。細かく見ていけば、違いがいくらかあるのも事実だが、全体的に中央部が外側へ丸みを帯びているか、そうでないかで軍配の形は分類する。真丸団扇も卵形に分類する。これは唐団扇の一つの形で、野相撲や辻相撲でよく使われていた[7]。

勧進相撲が盛んになったのは天明以降なので、本章でもそれ以降の相撲に中心をおくが、それ以前の野相撲や辻相撲の軍配についても少し触れる[8]。なぜなら、野相撲や辻相撲でも勝負の判定に軍配を使っていたからである。その流れの中で、現在の軍配の形が決まってきた経緯がある。すなわち、最初は瓢箪形が多く使われていたが、その後で卵形へと変わっている。

明治44年（1911）5月までは木村家と式守家はそれぞれ独立した家なの

---

7) たとえば、星形のような変り種の軍配もときどき見られる。この軍配が野相撲であれ辻相撲であれ、相撲の勝負判定で使われていたかどうかはわからない。本章で取り上げる軍配は相撲の絵図でよく見られるものであり、特殊な軍配は除外している。
8) 勧進相撲は、もちろん、天明以前にもある。天明年間を一応の区切りにしたのは、この頃から相撲錦絵が描かれ、勧進相撲で使われている軍配も描かれているからである。

で、その姓を変えることはできなかった。唯一の例外は後の16代木村庄之助だけである。したがって、姓によって軍配の形が決まっていたなら、明治44年まで木村姓が卵形の軍配に変わったり、式守姓が瓢箪形の軍配に変わったりすることはなかったはずである。しかし、実際は、木村姓も式守姓もどの形の軍配も混在して使っており、姓によって軍配の形が明確に決まっていたとは言えないのである。明治44年5月以降は現在のように、実質的に式守伊之助と木村庄之助は地位としての名称となり、式守家や木村家とは独立したものである[9]。

　明治44年5月以降も木村姓が瓢箪形、式守姓が卵形を維持しようとすれば、姓が変わるごとに軍配の形も変えなくてはならない。これはちょうど、軍配の握り方の場合と同じである[10]。軍配の握り方は現在でもそれを維持しようという考えが依然として強いが、軍配の形に関してはまったくその動きがない。たぶん、明治44年当時でも、そのような区別はなかったに違いない。明治末期から現代まで、姓が変わったときに軍配を変えたという話は聞いたこともないし、そのような文献を見たこともない[11]。

　ところで、昔は瓢箪形が隆盛だったのに、次第に卵形へ移り、現在ではすべて卵形になっている。瓢箪形と卵形が混在していてもよさそうなのに、すべて卵形になっている。なぜそうなったのかを、残念ながら、本章では調べてない[12]。変わる理由がなければ、変わらないはずである。卵形は瓢箪形より見栄えがよいとか、格好いいとかという理由だけでは説明できないもの

---

9)　明治44年5月、初めて、木村姓の行司（庄三郎）が式守伊之助（10代）になった。この式守伊之助が翌年の明治45年5月、木村庄之助（17代）を襲名した。このような襲名の仕方も初めてである。それ以降、木村姓や式守姓に関係なく、いずれの姓でも式守伊之助を襲名し、式守伊之助は木村庄之助を襲名するようになっている。

10)　軍配の握りかたに関しては、拙著『大相撲行司の伝統と変化』（H22）の第1章「軍配の握り方を巡って」にも詳しく扱っている。力士名を呼び上げるときの作法は「名乗りの型」と呼ぶことがある。

11)　17代木村庄之助は瓢箪型を使用していたことはよく知られているが、11代式守伊之助（木村進）も大正3年1月頃のブロマイドで見る限り瓢箪形である。つまり、明治45年5月に木村姓から式守姓に変わっているが、軍配の形は変わっていない。

第6章　軍配の形

があるはずだ。またいずれ、瓢箪形を使う行司が現れるかもしれないが、軍
配の形の変遷は調べてみる必要がある。日本相撲協会の相撲規定には軍配の
形や軍配の材質については何も触れていない[13]。

2. 軍配の名称

日本相撲協会寄附行為の審判規則（行司）の第一条には、次のようなこと
が書いてある。

　　　「行司が審判に際しては、規定の装束（直垂、烏帽子）を着用し、軍配を
　　　使用する。」

この規定では「軍配」という用語を使用しているが、規定を離れたら「軍
配団扇」や「団扇」もけっこう使用されている。本章でも、この3つの用語
を特別に区別することなく使用している。

江戸時代の相撲の本を見ていると、「団扇」が一番多く、次が「軍配団扇」
（略して「軍扇」）となり、「軍配」はほとんど使用されていない[14]。しかし、
明治以降の相撲の本では、「軍配」が一番多く、その次が「軍配団扇」とな
り、「団扇」は少なくなる。面白いことに、行司仲間では、現在でも、「団
扇」が一番多く使用されている。行司仲間以外では「軍配」が多く使われて
いる印象を受ける。実際、相撲の規定でも「団扇」は使われていない。

---

12)　瓢箪形は卵形に比べ、作成が難しいという話は行司から聞いたことがあるが、それ
　　が本当の理由なのかはわからない。

13)　軍配の形に何も規定されていないので、今後、瓢箪形が使われる可能性はある。変
　　わった形の軍配が現れる可能性もある。

14)　『相撲家伝鈔』（正徳4年（1714））の「団扇之事」で「軍配と呼ぶのは誤りである。
　　ただ団扇とだけ呼ぶこと。軍配は戦場で用いるものである。」とある。これは、当
　　時、すでに「軍配」が使われていたことを表している。

池田著『相撲ものしり帖』（H2）によると、「軍配」はもともとの「軍配団扇」から「団扇」を省略したもののようだ[15]。

　　「この団扇（著者注：唐団扇）の型を、戦国時代に武将が採用して、それまでの采配（厚紙を細く切って房を作り、丸い木の柄につけたハタキのような用具）にかわって用いるようになった。これは唐団扇の軽い用材を、堅木に金属のワクなどをつけて戦陣用にしたため、軍配団扇という用語ができた。それまで采配を振って戦陣の駆け引きを指令したのが、こんどは団扇を振って軍の指揮を指揮するために軍配団扇になったわけである。」（p.189）

武将は戦陣の指揮に「采配」を使用していたが、それに代わって唐団扇の形をした器具が作られるようになり、その器具を「軍配団扇」と呼ぶようになった。この軍配団扇を勝負の判定にも使用し、軍配団扇という用語が浸透していき、結局、唐団扇、団扇、軍配団扇、軍配が併用されるようになった。「軍配」という用語は明治以降に多く使われ出している。江戸時代に書かれた『相撲家伝鈔』（正徳4年）、『古今相撲大全』（宝暦13年）、『相撲穏雲解』（寛政5年）などを見ると、「団扇」が圧倒的に多い。「軍配団扇」はあるが、「軍配」だけの使用はきわめて少ない。

3. 軍配の形

軍配の形について述べるときは、扇子を除く、他の軍配が問題になる。さらに、唐団扇はもともと丸形と瓢箪形が主流だったので、この2つはその後の軍配でも基本になっている。丸形にも変種があるように、瓢箪形にも変種がある。

---

15) 軍配呼称の変遷については、たとえば、池田著『相撲ものしり帖』（H2）に簡潔に述べられている。

第6章　軍配の形

　現在の軍配は滑らかな卵形になっているが、江戸末期までの軍配を見ると、卵形にもいくつか変種があり、瓢箪形にもいくつか変種がある。江戸初期までの相撲絵図をみると、圧倒的に瓢箪形の軍配が多い。しかし、卵形も依然として使われており、瓢箪形だけになっているのではない。

　勧進相撲の興行ではその流れが受け継がれ、明和5年（1768）頃までは圧倒的に瓢箪形になっている。それまでも卵形があったはずだが、勧進相撲の行司がそれを使用していたことを示す証拠はない。錦絵が相撲を描くようになったのは、天明の頃からなので、それ以前に行司がどんな形の軍配を使っていたか、はっきりしないのである。しかし、天明の頃からは、ある程度、軍配の形がわかるようになった。錦絵が盛んに描かれるようになったからである。

　もちろん、錦絵は必ずしも忠実に相撲を描いているのではない。軍配の場合、絵師が思い違いをして異なる形で描いているかもしれない。軍配に形があることを知っていながら、行司がどの形の軍配を使っていたかわからない場合もあったかもしれない。相撲絵には潜在的にこのような問題があるが、描かれている軍配を行司は使っていたという想定で、軍配の形は調べてある。

　錦絵に軍配の形がはっきり描いてあっても、行司名が特定できないときは調査の対象外とした。このようなケースは割合としては少ない。一般的に、錦絵で取り上げてある取組や土俵入りなどは上位力士なので、多くの場合、裁く行司は木村庄之助か式守伊之助のいずれかである。

4.　木村姓と式守姓の軍配

　木村姓と式守姓では軍配の形に違いがあったことを述べている文献をいくつか、年代順に列挙してみよう[16]。

---

16)　このことを『相撲講本』より先に述べた文献があるはずだが、今のところ、まだそ
　　れを見ていない。

173

① 枡岡・花坂著『相撲講本』（S10）

「式守家持用は『団扇形』であり、木村家持用の分は『瓢形』といわれる。
（中略）。今は式守より入りて木村となるを異とせぬが、少なくとも幕末迄は
その家系を異にし、その持用器にも厳然たる区別が存していたものらしく、
団扇を見れば直ちにその木村派なるや、式守派なるやが判ったのである。現
に天保年間の「当世相撲金剛伝」に徴するに木村庄之助、市之助、龍五郎、
岩之助、正蔵の持用団扇の模様は皆『瓢形』、式守伊之助、鬼一郎持用扇の模
様は『団扇形』であることが記されている。」（pp.660-1）

確かに、『当世相撲金剛伝』（天保15年〈1844〉）では、木村庄之助を初め、
木村姓の行司はすべて瓢箪形、式守姓の行司はすべて卵形になっている。し
かし、天保以前でも、またその以降でも、木村姓の行司が卵形を使ったり、
式守姓の行司が瓢箪形の軍配を使ったりしている。

② 20代木村松翁（庄之助）氏に行司の持用器のことを訊くの記（昭和
　　11年）

「普通、行司の持ちものは「軍配団扇」と申しますが、木村と式守両家の持ち
分はそれぞれに軍配、団扇であります。すなわち木村のは瓢箪形であり、式
守のは卵形です。私は式守の出ですから、このように（と団扇を示され）、卵
形を用いております。

　　昔は、木村、式守両家の軍配団扇は截然たるものだったのですが、東京と
大阪と合併してから、あるいは式守より木村に入り、木村より式守に入るも
のあり、系統が混雑し、従って持つものも混乱してきました。」

これは昭和11年（1936）10月5日、広島西練兵場大日本相撲場で口述筆記
したものである[17]。行司入門した部屋によって軍配の形がすでに決まって
いたという趣旨のことを語っている。もし20代木村庄之助が入門した当時
からそのような慣例があったことを先輩行司から伝え聞いていたとすれば、
明治時代にはその慣例が実際にあったはずである。しかし、錦絵や写真を見

174

第6章　軍配の形

た限り、そのような慣例は生きてない。なぜこの行司がそのように述べているのかはわからない。

　また、軍配の形が崩れた理由を2つ挙げている。一つは、東京相撲と大阪相撲が昭和2年に合併したことによるものである。もう一つは、明治44年以降、木村家と式守家が独立した家系でなくなり、どの家系の行司も式守伊之助と木村庄之助を襲名できたことである。これは、一見、納得できそうな見解だが、先にも触れたように、明治44年以前から姓による軍配の形は決まっていなかった。したがって、そのような見解は事実と合致しない。

　③　秀ノ山著『相撲』（昭和25年）
　「軍配も昔は木村家と式守家とでは、丸みのものとくぼんだものとにはっきり
　　分かれていた。」（p.37）

　この本の著者は元関脇笠置山である[18]。当時、そのような区別があったという噂があったかもしれない。噂をそのまま信じて書いたものであろう。

　④　22代木村庄之助と呼出し太郎との対談（『大相撲』昭和31年6月号）
　「江馬：　木村家と式守家のいわれは…
　　庄之助：　木村家からでた式守ですね。別に流儀とかいうことはない。ま
　　　　　　あ、軍配のあげ方が、木村はウチワを真直ぐに差すが式守の方は上に向
　　　　　　けるといったことぐらいですね。
　　江馬：　軍配の形が違うんでしょう？
　　庄之助：　初代の式守さんがそういうようにこしらえたんでしょうね。式守

───────────────

17)　この口述筆記を手書きした1枚の紙があり、そのコピーを行司の木村吉之輔（平成18年3月当時、幕内格）からいただいた。同じ内容のものが雑誌『相撲と野球』（S18.1）の囲み記事「参考録」（p.54）として掲載されている。それは、コピーとは表現が少し違っている。当時の木村吉之助は現在（平成28年5月場所）、40代式守伊之助である。
18)　この笠置山は相撲の本を何冊か出している。

175

家は円い、木村の方は手元の方がつぼまっている。四代目の木村若狭守のときに式守伊之助ができている。私らが聞いたのには、式守は木村庄之助の弟子になっている。木村の式を守れというので式守といっているわけです。」(p.60)

　この22代木村庄之助が述べているように、初代式守伊之助の軍配は卵形である[19]。初代は明和4年（1767）から寛政5年（1793）まで行司を勤めている。相撲協会の創刊号『大相撲1月場所カタログ』(S46.1）の裏表紙に軍配の写真が掲載されている。初代式守伊之助が木村姓を意識し、軍配を卵形にしたのかどうかはわからない。明和以前の勧進相撲で、木村姓が卵形の軍配を使用していなかったか、それを実証する絵図が見当たらない[20]。ちなみに、式守伊之助という行司名が明和4年3月の番付に初めて掲載されている。さらに、式守伊之助が木村庄之助の次席行司となったのは、安永3年（1784）以降である。

　天明年間にはすでに木村庄之助も卵形の軍配を使用しているので、式守姓の軍配が卵形であるという慣例はなかったと推測する。天明以降でも木村姓の行司は瓢箪形の軍配だけでなく、卵形の軍配を使っている。しかし、式守姓の行司は、どちらかというと、卵形の軍配を使う傾向がある。式守家だけが軍配の形を守ろうとしたのかもしれない。その場合、なぜ木村姓が両方の形を自在に使っていたのかは説明できない。また、興味深いことに、天明年間にはすでに式守伊之助が瓢箪形の軍配を使っている。

---

19)　木村庄之助の「譲り団扇」という軍配があるが、これは卵形である。幕末の『金剛伝』で見る限り、この13代木村庄之助は弘化4年（1847）の市之助時代にこの軍配を使っている。市之助が13代木村庄之助に昇格したのは嘉永6年（1853）3月なので、それ以前から卵形の軍配を使っていたことになる。

20)　元禄以前の絵や図はいくつかあるが、どれが勧進相撲で、どれが野相撲や辻相撲なのかがはっきりしない。相撲の種類を区別する特徴があるはずだが、その特徴がまだわからない。相撲場を囲んであっても、それが勧進相撲だという保障はない。

第6章　軍配の形

⑤『世界大百科事典』（平凡社、S40）の「軍配」の項（彦山光三氏記す）
「昔は木村家は平たい繭形、式守家は平たい卵形だったが、大正初めころから
両家交錯の順がわり襲名となった関係からか、卵形ばかりになった。」（p.92）

この「昔」というのがいつ頃のことを指しているのかはっきりしないが、
文脈からすると、「明治末期」ないし「大正初期」のようだ。これは20代木
村庄之助が述べていることとほとんど同じなので、問題も同じである。木村
家の行司が式守伊之助を、また式守伊之助が木村庄之助をそれぞれ襲名する
ようになったことが、軍配の形が崩れたのだと示唆している。軍配が卵形に
なったことも指摘してあるが、なぜその形になったかは説明していない。

⑥『世界大百科事典』（平凡社、S56）の「相撲の軍配」（池田雅雄氏担当）
「明治初期までは、木村家が繭型、式守家はたまご形と区別されていたが、そ
の後式守行司が木村を名乗ることもあり、しだいにたまご型に統一された。」
（p.618）

この記述によると[21]、姓によって軍配の形が区別されていたのは明治初
期までとなっている。これは、明らかに、間違いである。幕末だけでなく、
明治初期には木村姓や式守姓に関係なく、どの形の軍配も使っている。さら
に、明治44年までにすでに軍配の形は卵形になる傾向があった。すなわち、
姓に関係なく、式守伊之助や木村庄之助になったことが軍配の形が変わった
原因ではない。名乗る姓が変わるようになると、軍配が卵形になるというの
は妙な理屈である。
　このように、木村姓や式守姓によって軍配の形がかつて区別されていたこ

---

21)　この説明では式守姓だけが木村姓を名乗るような印象を受けるが、木村姓も式守姓
　　を名乗るようになる。歴史的には、木村姓が最初に式守姓を名乗っている。さら
　　に、軍配の形から言えば、式守姓が卵形の傾向だったので、木村姓がそれに近づい
　　ている。

177

とを認める本があるが、他方、それを否定したり、疑問視したりする本もある。それをいくつか列挙する。

　⑦　池田著『相撲ものしり帖』（H2）
「軍配は木村家が『ひょうたん型』、式守家が『丸型』と決まっていたと文献にあるが、錦絵と伝承軍配で見るかぎりその区別はなく、古くはギボン形、六面円などの変わり形もあった。」（p.190）

　池田氏は『世界大百科事典』で先ほど見たように、最初は、姓によって軍配の形に違いがあったことを指摘していたが、この『相撲ものしり帖』ではそれを否定している。

　⑧『国技相撲のすべて』〔平成8年（1996）11月別冊相撲秋季号〕
「軍配の型は『ひょうたん型』と『たまご型』とがあり、勧進相撲の中心が江戸になった約230年前の宝暦のころから、木村家は「ひょうたん型」、式守家は「たまご型」を使っていたと文献にあるが、江戸時代の錦絵や伝承軍配を見る限りその区別はない。」（p.128）

　この記述では、ある文献に宝暦（1751-64）の頃から姓によって軍配の形に違いがあったことが指摘しているが、どの文献なのかはわからない[22]。天明以前の勧進相撲でどのような形の軍配が使われていたかははっきりしないが、天明以降の軍配の形からその文献の記述が間違っていることは確かだ。

　⑨『大相撲1月場所カタログ』（日本相撲協会、H4.1）
「『ひょうたん型』と『たまご型』があり、木村家は『ひょうたん型』、式守家は『たまご型』といわれていたが、確かではない。」（p.28）

───────────

22)　初代式守伊之助が番付に初めて乗ったのは明和5年なので、「宝暦」の頃から木村家と式守家で軍配の形が決まっていたというのは、不思議である。

この記述でも区別があったことについては「確かでない」とだけあり、その真偽について否定も肯定もしていない。

5. 卵形になった時期

現在、軍配はすべて卵形になっているが、いつ頃からそのようになったかに関して少なくとも3つの見方がある。

(1) 『国技相撲のすべて』（H8. 11）
   「大正時代の末期ごろからはほとんど「たまご型」の軍配を用いており、現在ひょうたん型を使っている行司はいない。」(p.128)
(2) 『大相撲1月場所』（日本相撲協会発行、H4. 1）
   「昭和以降はほとんど『たまご型』が使われている。」(p.28)
(3) 29代木村庄之助著『一以貫之』（H14）
   「軍配の型は『ひょうたん型』と『たまご型』があったが、昭和20年頃からほとんど『たまご型』を使用」(p.189)

このように、時期が異なるのは行司全体の軍配の形がわかる資料がないことと、「ほとんど」を何割程度とするかである。明治から昭和にかけてその数を具体的に記したという記録はない。その間の1場所だけでも調べたものがあったなら、かなり参考になったはずだが、そういう記録はなさそうである。また、たとえば、行司が50人いるとして「ほとんど」の行司と言うとき、それは何人を指しているかが必ずしも明白でない。ある人は35人、ある人は40人、ある人は45人と考えているかもしれない。抱いているイメージによって、時期の特定も変わる。

本章の基準によれば、行司が「ほとんど」卵形になったのは、明治初期である。明治初期から中期の錦絵、それに中期から後期の写真を見た限り、木村庄之助や式守伊之助を初め、多くの行司が卵形の軍配を使っている。

明治初期と中期の錦絵に描かれている行司は、現在の階級で言えば三役以上がほとんどである。その行司たちの軍配の形だけを見て、行司全体を類推するのは、実は、乱暴である。その意味で、明治時代はもちろん、昭和20年代まで、行司の何割がどの形の軍配であったと断言することはできない。どうしても「印象」ということになる。これまで見た限り、行司全員の軍配の形がはっきり確認できたのは、昭和32年11月号『大相撲画法』（朝日出版社、pp.24-7）が初めてである。当時、病気療養中の2人を除き、全行司49人が軍配を持って捌いている写真が掲載されている[23]。

明治以降の木村庄之助に限定すれば、17代木村庄之助だけが瓢箪形である。他の木村庄之助は卵形である。17代は例外だと言ってよい。17代木村庄之助が瓢箪形を使い、その後の木村庄之助が卵形になっているので、行司の軍配がほとんど卵形になったのは大正末期だという印象が強いかもしれない。しかし、明治以降の木村庄之助はほとんどすべて卵形である。

明治以降の式守伊之助では、11代式守伊之助だけが瓢箪形を使っている。錦絵ではなく、写真なので、これは間違いない[24]。使うことと持っていることとは違うが、本章では同義に解釈している。11代式守伊之助（木村進）が行司時代、ずっと瓢箪形の軍配を使っていたかどうかはわからない。この行司は明治45年3月に式守伊之助になり、大正3年5月場所までしか勤めていないので、軍配を持った写真資料が乏しいのである。いずれにしても、式守伊之助でも瓢箪形の軍配を使ったていことは確かである。ちなみに、天明年間でも式守伊之助が瓢箪形の軍配を持っている絵がある〔ビックフォード

---

23) 残念ながら、三役行司木村今朝三が持っている軍配の形は、写真写りの角度のせいではっきり確認できない。この行司以外はすべて、卵形である。ということは、少なくとも昭和32年11月には全行司の軍配は卵形になっていることになる。昭和20年以前にも全行司の軍配の形を確認できるような資料はあるかもしれないが、それをまだ見ていない。昭和30年代でも全員の行司が軍配を握っている写真はあまり見かけない。そのような写真をしばしば見かけるようになるのは昭和50年以降のような気がする。

24) この写真は、たとえば、常陸山著『相撲大鑑』（T3）にも掲載されている。

180

著『相撲と浮世絵の世界』（p.25）〕。

　昭和30年代になると、瓢箪形の軍配を持っている立行司を見つけること
はなかなか難しい。しかし、ほんのわずかであるが、そのような立行司が二
人いたので、それを記しておく。

　一人は24代木村庄之助である。この行司は、普段、卵形を使っていたが、
昭和38、9年頃瓢箪形の軍配を持って取組を裁いている。この写真は学研発
行『大相撲』（p.190）に掲載されており、大鵬と柏戸の取組となっている。
これはどうやら24代木村庄之助自身の軍配ではなく、借り物らしい。行司
はときどき自分の軍配ではなく、由緒ある軍配を記念として本場所で使うこ
とがあるという[25]。その軍配がどのような「いわれ」をもったものかはわ
からないが、ほんの数日間借り受け、取組の勝負判定に使ったのが写真とし
て残っていたらしい。

　もう一人は29代式守伊之助（善之輔）である。この行司が幕内格の頃、瓢
箪形の軍配を持っている写真が、昭和60年の『大相撲5月場所カタログ』
（p.20）に掲載されている。この行司も式守伊之助時代は卵形の軍配を使って
いた。いつの時点で瓢箪形の軍配から卵形の軍配に変わったかはわからない。

6.　結び

　これまで述べてきたことや章末に示してある資料などを考慮すれば、大
体、次のようにまとめることができる。

（1）木村姓が瓢箪形の軍配、式守姓が卵形の軍配という区別は少なくとも

25）　これは相撲博物館で聞いた話である。24代木村庄之助が瓢箪形の軍配を持っている
　　のはどうやらそのケースらしい。名古屋場所開催中、近くで武田信玄展があり、そ
　　こから武田信玄が使っていたという軍配団扇を借りて一時的に使ったことがあると
　　いう。

天明以降の勧進相撲ではなかった。いつの時代でも、木村姓や式守姓という「姓」に関係なく、どの姓でも瓢箪形と卵形を使っていた。

(2) 天明から幕末まで、式守姓は卵形の軍配を使う傾向があったが、式守姓の中にも瓢箪形を使っていた行司がいた。木村姓の行司は卵形と瓢箪形を両方使っており、瓢箪形ばかりというわけではない。したがって、「姓」によって軍配の形を明確に区別することはできない[26]。

(3) 江戸時代から明治末期まで、一人で瓢箪形と卵形の軍配を両方とも使っている行司が何人かいた。明治45年5月まで姓を変えることはなかったので[27]、両方の軍配を使っていたということは、姓によって軍配の形が決まっていなかったことを意味する。

(4) 天明から幕末まで、木村庄之助の中には瓢箪形の軍配だけでなく、卵形の軍配を使っているものが何人かいる。また、明治期以降の木村庄之助はすべて、17代を除き、卵形の軍配を使っている。

(5) 17代木村庄之助は明治44年5月に式守伊之助になり、翌年の明治45年5月に木村庄之助になっているが、大正10年に引退するまで瓢箪形の軍配を使っていたようだ。しかし、木村庄之助は以前、卵形の軍配を使用していたことがある。その軍配は博物館にある。この軍配は、最初、17代木村庄之助が使っていたが、後に19代式守伊之助に譲られている。それを19代式守伊之助が立行司に昇格したとき、相撲博物館に寄贈している。相撲博物館への寄贈は別にして、17代木村庄

---

26) 幕末の番付ではほとんどすべて木村姓と式守姓になっているが、ときどき別の性の行司も載っている。しかもそれは突然現れ、突然消えることもある。また、しばらく続いて、突然消えることもある。番付が木村姓と式守姓だけになったのは万延2年（1861）以降である。万延元年10月（1860）には「吉岡姓」が載っている。

27) 16代木村庄之助が一時期（明治20年5月〜明治22年1月）木村姓から式守姓になったが、間もなく元の木村姓に戻った。これは例外である。明治17年の天覧相撲を描いた錦絵では、木村誠道は土俵下の行司控えで卵形の軍配を持っている。そうなると、明治20年頃も卵形だったかもしれない。つまり、木村誠道の左横に木村庄治郎が控えていてが、庄治郎の軍配もやはり卵形である。明治17年当時、木村姓の行司は必ずしも瓢箪形でなかったことは確かだ。

第6章　軍配の形

之助は行司生活の中で瓢箪形と卵形の軍配を使っていることがわかる[28]。17代木村庄之助は瓢箪形の軍配だけを使っていたわけではない。

(6) 上位行司の軍配が「ほとんど」卵形になったのは、明治初期である。明治中期や大正時代も行司によっては瓢箪形を使うものもいたが、その割合はかなり少ない。「ほとんど」という場合、何割をいうのかによっても見方が変わるが、本章では8割程度を指し、「ほとんどすべて」はほとんど全員の場合を指す。1人、2人は例外的に異なる形を使っているかもしれない。

(7) 行司の軍配が「ほとんどすべて」いつ頃卵形になったかは、資料がないので断定はできない。しかし、それは大正末期としてよいであろう。大正初期には木村庄之助が瓢箪形を、また式守伊之助が卵形を使っているが、11代伊之助は大正3年に、また17代木村庄之助は大正10年に、それぞれ辞めている。明治から現在（平成18年）まで、17代木村庄之助を除き、木村庄之助はすべて卵形である。式守伊之助はすべて、11代伊之助を除いて、卵形である。

(8) 明治17年の天覧相撲を描いた錦絵を見ると、木村姓の行司の中には瓢箪形と卵形の軍配を両方使っている。当時、木村姓の何割くらいが瓢箪形だけを使っていたかは、実際のところ、わからない。しかし、最高位の木村庄之助はすでに卵形になっていたし、他の木村姓の行司もかなり卵形になっているので、軍配はほとんど卵形になっていたに違いない。

(9) 幕下格以下の行司全員がどんな軍配を使っていたかは江戸時代から昭和20年頃まで、実際は、わからない。何人かの行司に関してはわずかばかり確認できるものもあるが、全員となると、まったくない。し

---

28)　2匹のトンボが描かれている卵形の軍配をどの地位で使用していたかは、まだ確認できていない。この軍配を相撲博物館に寄贈してあることについては、19代式守伊之助著『軍配六十年』巻末の「伊之助思い出のアルバム」と117ページに書いてある。17代木村庄之助は19代式守庄之助の師匠である。

たがって、「ほとんど」とか「ほとんどすべて」と言っても、それは
必ずしも正確ではない。

(10) 昭和30年代になっても、非常にまれにではあるが、木村庄之助が瓢
箪形の軍配を使っている写真がある。普段は卵形の軍配を使っている
が、催し物の記念として瓢箪形の軍配を外から借りて使うことがあっ
たらしい。

　木村姓の軍配は瓢箪形、式守姓の軍配は卵形だったと述べている文献がと
きどきあるが、本章ではそれを裏付ける資料がないことを指摘した。どの時
代でも木村姓と式守姓の行司が、それぞれ、異なる形の軍配を混在して使っ
ていたのである。

第6章　軍配の形

【参考資料】文献に見る軍配の形

　軍配が描かれている絵図、本、錦絵などが木村姓や式守姓によって区分け
されているかどうかを調べてみる。わかりやすくするために、カテゴリー別
に分類してある。どの分類を見ても、『当世相撲金剛伝（東）』（天保15年
〈1844〉）を除いて、木村姓が卵形、式守姓が瓢箪形をそれぞれ使用してい
る。すなわち、姓による軍配の形の区分けは見られない。

資料1　木村庄之助と式守伊之助の軍配

（1）木村庄之助の卵形
　木村庄之助は瓢箪形と卵形を使用している。卵形を使用している事例だけ
を示す。

① 7代庄之助：谷風と小野川立ち合いの図、天明3年（1783）、堺市博物
　　館制作『相撲の歴史』（p.35）。
② 9・10代庄之助：勧進大相撲興行之図、文政12年（1829）、『大相撲人
　　物大事典』（pp.32-3）。
③ 12代庄之助：武蔵野と天津風の取組、弘化4年（1847）、『江戸相撲錦
　　絵』（p.100）。
④ 13代庄之助：鬼面山と不知火の取組、文久（1861）、『相撲百年の歴史』
　　（pp.72-3）。
⑤ 14代庄之助：堺川横綱土俵入、明治10年～4年（1877-81）、『相撲百
　　年の歴史』（pp.96-7）。
⑥ 15代庄之助：東西共同稽古場、明治24年（1891）、『大相撲人物大事
　　典』（p.31）。木村庄之助：卵形。
⑦ 16代庄之助：常陸山横綱土俵入、明治37年（1904）、錦絵。

185

(2) 式守伊之助の瓢箪形

式守伊之助は普通卵形だが、ときおり瓢箪形を使用している。瓢箪形を使用している事例だけを示す。

① 初代伊之助：天明4年（1784）、鬼面山と江戸ケ嵜の取組、春章画、ビックフォード著『相撲と浮世絵の世界』（p.25）。

② 5代伊之助：秀ノ山横綱土俵入之図、弘化3年、ビックフォード著『相撲と浮世絵の世界』（p.135）。

③ 6代伊之助：『相撲細見起解（東)』、嘉永6年（1853）。

資料2　正徳以前の相撲絵に描かれた団扇

勧進相撲が盛んになる以前にどんな軍配の形だったかを知るには、相撲を描いてある絵図などが参考になる。相撲を専門的に扱っていない本の中にときどき相撲の一場面を描いた挿絵や図などがあり、軍配も描かれていることがある。そのような例をいくつか示す。

(1) 土俵がないもの

① 相撲遊楽図屏風。堺市博物館制作『相撲の歴史』（p.15）。
   軍配：丸形[29]。片面に3箇所ずつ、小さな凹みがある。堺市博物館制作『相撲の歴史』（p.97）によれば、慶長10年（1605）頃の作品である。

② 江戸初期の人方屋。池田著『相撲ものしり帖』（p.39）。
   軍配：瓢箪形。江戸初期のものと言われているが、具体的な時期は不明である。相撲取りの周囲に人が集まり、円状になっている。この絵はもともと『近世奇跡考（巻之三)』に描かれているものだが、土俵成立の過程を述べてある本にはよく掲載されている。

---

29) この「丸形」は卵形として分類してもよい。野相撲や辻相撲の唐団扇は「真丸」の形をしているので、あえて「丸形」としてある。

第6章　軍配の形

③　江戸初期の辻相撲の絵。堺市博物館制作『相撲の歴史』(p.24)。
　　軍配：丸形。堺市博物館制作『相撲の歴史』(p.88)によれば、元禄
　　年間（1688-1704）の辻相撲を描いたものとして推定されている。
④　「人方屋相撲之図」。堺市博物館制作『相撲の歴史』(p.19)。
　　軍配：扇子[30]。江戸初期だが、年代は不明。これは辻相撲に違い
　　ない。
⑤　「京都鴨川糺ノ森相撲興行之図」。堺市博物館制作『相撲の歴史』
　　(p.19)。
　　軍配：四角形。17世紀初期の図。
⑥　「賀茂競馬・住吉祭礼図屏風」。堺市博物館制作『相撲の歴史』(p.20)。
　　軍配：丸団扇。住吉大社の野相撲を描いたもの。年代は定かでな
　　い。
⑦　『曽我物語』の挿絵。和歌森著『相撲今むかし』(p.32)。
　　軍配：瓢箪形。この絵がいつ描かれたかは定かでない[31]。

(2) 土俵だけがあるもの
①　延宝年間（1673-80）の相撲絵。池田著『相撲の歴史』(p.95)。
　　軍配：瓢箪形。志か之助が描かれている図。円形土俵のように見え
　　るが、その形状は必ずしも明確でない。俵は一重に2俵だけ描かれ
　　ている。その2俵は土俵の存在を象徴的に表している。
②　「相撲絵馬」。堺市博物館制作『相撲の歴史』(p.22)。
　　軍配：瓢箪形。一重の丸土俵。堺市博物館制作『相撲の歴史』(p.98)
　　では延宝年間（1673-80）の頃の絵馬とされているが、この年代に
　　関しては疑問がないわけではない。江戸初期に違いないだろうが、

─────────────────

30)　本章の分類では、扇子は瓢箪形でもないし卵形でもない。どれにも属さない特別な
　　判定用具である。
31)　相撲の絵図の中には後の時代になって想像で描いたものも少なくない。特に鎌倉以
　　前の相撲を描いてあるものにはその傾向が強い。絵図の年代が明確に判別できない
　　ときは、その取り扱いに注意しなければならない。

その年代には幅がある。

③ 井原西鶴著『本朝二十不孝』（貞享4年（1687）の挿絵）。池田著『相撲
　ものしり帖』（p.39）

　　軍配：瓢箪形。二重俵の四角土俵。柱はない。この図は、『本朝
　　二十不孝』の挿絵ではないかもしれない。これとよく似た絵だが、
　　柱があるものがある。柱がないので、水引幕もない。堺市博物館制
　　作『相撲の歴史』（p.98）によれば、この絵は菱川師宣（1694没）に
　　よって描かれている。

④ 「相撲之図」。堺市博物館制作『相撲の歴史』（p.22）。

　　軍配：三角形。一重の丸土俵。堺市博物館制作『相撲の歴史』（p.98）
　　によれば、菱川師宣の作品で、17世紀後半に描かれたものらしい。

⑤ 正徳（1711）の頃の絵。池田著『相撲ものしり帖』（p.39）。

　　軍配：軍配と丸団扇とも違う。扇子の形をしている。丸土俵で、東
　　西に一俵分の空きがある。

(3) 柱だけがあるもの

① 「洛中洛外図屏風」。堺市博物館制作『相撲の歴史』（p.17）。

　　軍配：丸団扇。年代は不明。堺市博物館制作『相撲の歴史』（p.98）
　　によれば、清水寺に近い賀茂川付近で行われた相撲場面を描いてい
　　る。

② 「祇園社・四条川原図屏風」。堺市博物館制作『相撲の歴史』（p.16）。

　　軍配：三角形。堺市博物館制作『相撲の歴史』（p.97）によれば、寛
　　永の頃に描かれている。歌舞伎小屋の近くで屋根のある相撲小屋が
　　あり、その中で相撲を取っている。柱は赤である。

(4) 柱と土俵があるもの

① 寛文年間（1661-72）の相撲場。池田著『相撲ものしり帖』（p.39）。

　　軍配：瓢箪形。柱と柱を紐で結んだ四角土俵。丸山が描いてある図。

② 『古今役者物語』（延宝6年（1678））の挿絵。『江戸時代文芸資料4巻』

（p.320）／竹内著『元禄人間模様』（p.100）。

　　軍配：瓢箪形。一重の四角土俵。

③　井原西鶴著『本朝二十不孝』（貞享4年（1687）の挿絵。佐竹著『絵入本朝二十不孝』（1990、pp.7-8）／池田著『相撲の歴史』（p.97））。

　　軍配：瓢箪形。二重の四角土俵。柱もあり、水引幕もある[32]。

　池田著『相撲ものしり帖』（p.39）と池田著『相撲の歴史』（p.97）では、異なる2つの絵が井原西鶴著『本朝二十不孝』のものとして解説されている。どちらが正しいのかとなると、池田著『相撲の歴史』（p.97）のほうである。佐竹著『絵入本朝二十不孝』（pp.7-8）の絵は、池田著『相撲の歴史』（p.97）の絵と同じである。

④　四角土俵之図。堺市博物館制作『相撲の歴史』（p.26）。

　　軍配：瓢箪形。この図は「南部相撲興行之図」とよく言われているが、これは必ずしも正しくない。少なくとも享保17年（1732）の相撲場を描いたものではない。享保以前に描かれたものである[33]。

資料3　『金剛伝』の軍配

　文政年間から安政年間にかけて『相撲金剛伝』が何冊か出版されている。その中に、行司名とともに軍配の形が記されているものがある[34]。

---

32)　西鶴の著作に関してはいくつか解説があるので、この絵は多くの本で見ることができる。

33)　この図に関しては、拙稿（H17）の「追記」で言及してある。南部相撲を描いてあるものかもしれないが、少なくとも享保17年の相撲場を描いたものではない。この錦絵については拙著『大相撲の歴史に見る秘話とその検証』の第9章「謎の絵は南部相撲ではない」でも詳しく扱っている。

34)　これらの金剛伝の中には発行した年が違うが、内容的にほとんど同じものもある。特に発行した年が連続している場合、その傾向がある。

木村が卵形、式守が瓢箪形になっているものだけをピックアップして示すことにしよう。木村が瓢箪形、式守が卵形のものはその数だけを記す。木村姓と式守姓に関係なく、軍配の形は混在して使われていたことを示すためである。

　実際、これらの金剛伝に描かれた軍配の図を見ても、木村姓と式守姓によって軍配の形は明確に分かれていない。文政13年（1830）の金剛伝だけを見ると違いがあるが、その前の文政10年（1827）には違いがないし、その後の天保15年（1844）にもない。

　ところで、軍配の形は必ずしも明確に瓢箪方と卵形に二分できない。瓢箪形には、大きく分けて、両辺がへこんでいるものと下部が小さくなっているものがある。他方、卵形には、両辺が丸みを帯びているものとへこんでいないものがある。底辺部の丸みに2種類あって、きれいな丸みをしているものと少しへこんだものとがある。

　① 『相撲金剛伝（下）』、文政10年（1827）。

　　　木村庄之助：卵形。

　　　式守与太夫：瓢箪形。

　　　木村姓（多司馬、庄太郎）：瓢箪形。

　　　式守姓（伊之助）：卵形。

　② 『相撲金剛伝（上）』、文政13年（1830）。

　　　木村庄之助：卵形。

　　　式守与太夫：瓢箪形。

　　　木村姓（多司馬、庄太郎）：瓢箪形。

　　　式守伊之助：卵形。

　　　これは文政10年の『相撲金剛伝（下）』と同じである。

　③ 『当世相撲金剛伝（東）』、天保15年（1844）。

　　　木村姓：瓢箪形。

　　　式守姓：卵形。

　　　この写本では、木村姓（庄之助、市之助、龍五郎、岸之助、正蔵）は

すべて瓢箪形、式守姓（伊之助、鬼一郎）はすべて卵形となっている。軍配の形から木村姓か式守姓を見分けられるので、姓によって軍配の形が決まっていたような印象を受ける。しかし、これはたまたまそうであったに違いない。この『当世相撲金剛伝（東）』以前、それからその以後、姓によって軍配の形を区別できる『金剛伝』はない。わずか3年後の『相撲改正金剛伝（東）』（弘化4年（1847））では木村姓が卵形、式守姓が瓢箪刑をそれぞれ使用している。

④ 『相撲改正金剛伝（東）』、弘化4年（1847）。

　　木村庄之助：卵形。

　　木村多司馬：卵形。

　　木村市之助：卵形。

　　木村姓（庄太郎、多司馬、庄九郎）：瓢箪形。

　　式守姓（鬼一郎、幸太夫）：卵形。但し、底辺部の丸みが少ない。

⑤ 『改正相撲今人金剛伝』、嘉永5年（1852）。

　　木村庄九郎：卵形。

　　木村多司馬：卵形。木村多司馬の軍配は底辺の丸みが少ない。

　　木村喜代治：卵形。

　　木村姓（庄之助）：瓢箪形。

　　式守姓（幸太夫、勘太夫）：卵形。

⑥ 『相撲細見起解（東）』、嘉永6年（1853）。

　　木村庄之助（多司馬改）：卵形。

　　式守伊之助（鬼一郎改）：瓢箪形。

　　木村庄九郎：卵形。

　　木村多司馬：卵形。

　　木村喜代次：卵形。

　　式守姓（勘太夫）：卵形。

⑦ 『金剛伝（東）』、安政5年（1858）。

　　木村庄之助：卵形。

　　木村庄太郎：卵形。

式守勘太夫：瓢箪形。

木村喜代治：卵形。

木村八百吉：卵形。

式守要人：瓢箪形。

式守卯之助：瓢箪形。

木村庄九郎：卵形。

資料4　正徳から安永までの相撲の本に描かれた団扇

　勧進相撲が盛んになった頃に出た何冊かの相撲の本には、軍配の形とともにその細かい寸法などが書かれている。軍配の形だけに限定すると、ほとんどすべて瓢箪形である。

　①　『相撲家伝鈔』、正徳4年（1714）。
　　　軍配：瓢箪形。
　②　『古今相撲大全』、宝暦13年（1763）。
　　　軍配：瓢箪形。
　③　『角觝秘蔵録』、明和5年（1768）。
　　　軍配：瓢箪形。
　④　『相撲伝秘書』、安永5年（1776）[35]。
　　　軍配：瓢箪形。

　相撲を扱った写本では、瓢箪形の団扇ばかりで、丸形団扇は描かれていない。勧進相撲では、当時、ほとんどの行司が瓢箪形を使っていたかもしれな

35）　『相撲伝秘書』に「一味清風」の文字が書いてある団扇があり、それは丸形になっている。しかし、これは吉田家の文書では、たとえば『ちから草』で見るように、瓢箪形である。この異なる記述から判断すれば、安永年間には軍配の形は自由に選択してよかったはずだ。

第6章　軍配の形

い。当時の行司にはさまざまな姓があり、木村姓はその一つにすぎない。明和4年の初代式守伊之助の軍配は、卵形である。明和の頃から軍配の形は、瓢箪形とともに卵形もよく使われるようになる。しかし、式守姓が卵形、木村姓が瓢箪形となったかというと、そうではない。実際、天明期や寛政期の木村庄之助は卵形を使用したり、瓢箪形の軍配を使用したりしている。

資料5　天明以降の錦絵や写真などで見る軍配

　ここでは木村姓で卵形、式守姓で瓢箪形を使っているものを中心に取り上げる。木村姓が瓢箪形の軍配を、式守姓が卵形の軍配をそれぞれ使っていたかどうか調べたいからである。それに反する軍配であれば、姓による厳密な区別はなかったことになる。ここで取り上げられていない場合、木村姓は瓢箪形を、式守姓は卵形をそれぞれ使っている。その数は、もちろん、かなり多いが、頻度数を調べるわけでないので、取り上げていない。どの時代でも姓によらない軍配が使われている。

(1) 天明から寛政

① 沖津風と筆ノ海の取組、天明年間。『日本相撲史（上）』（p.160）。
　　木村庄之助：卵形。

② 力士（西方）の土俵入、天明年間。『相撲大事典』（p.62）。
　　木村庄之助：卵形。

③ 谷風と小野川の取組、天明年間。『日本相撲史（上）』（p.160）。
　　木村庄之助：卵形。

④ 江戸ケ嵜と鬼面山の取組、天明4年（1784）。ビックフォード著『相撲と浮世絵の世界』（p.25）。
　　式守伊之助：瓢箪形。

⑤ 谷風・小野川横綱土俵入りの図、寛政（1789-1801）。竹内著『相撲の歴史』（日本相撲協会相撲教習所、平成5年）。
　　木村姓：卵形。

193

(2) 享和から天保まで

① 阿武松と稲妻の取組、文政（1818-30）。堺市博物館制作『相撲之歴史』
（p.47）／酒井『日本相撲史（上）』（p.28）。
9代木村庄之助：卵形。

② 猪名川と友綱の取組、天保14年（1843）。『江戸相撲錦絵』（p.100）。
式守伊之助：瓢箪形。

(3) 弘化から安政まで

① 秀ノ山横綱土俵入、弘化（1846）。『相撲百年の歴史』（pp.68-9）／協会
カタログ（1978.9）。
式守伊之助：瓢箪形。

② 不知火と大鳴門の取組、安政7年（1861）春場所。『日本相撲史（上）』
（p.362）。
木村喜代治：卵形。

③ 響灘と小野川の取組、安政7年（1861）。『江戸相撲錦絵』（p.79）。
木村庄之助：卵形。

(4) 文久から慶応まで

① 雲龍横綱土俵入、文久元年（1861）。『江戸相撲錦絵』（p.62）。
木村庄之助：卵形。

② 絵番付、文久元年（1861）。
木村庄之助：瓢箪形。
木村喜代治：卵形。

③「勧進大相撲弓取之図」、文久2年（1862）。香山氏制作の平成18年度
「江戸風流相撲錦絵暦」。
式守伊七郎：瓢箪形。
この図は堺市博物館制作『相撲の歴史』（p.54）と酒井『日本相撲史
（上）』（p.360）では安政時代となっているが、香山氏の研究（昭和60
年と61年）によれば、文久2年（1862）である。

第6章　軍配の形

④　勧進大相撲興行之図、文久（1861-4）。『相撲』（昭和53、pp.92-3、保育
　　社）。
　　　式守要人：瓢箪形。
⑤　不知火横綱土俵入、文久3年。『相撲今むかし』（pp.58-9）。
　　　木村庄之助：卵形。
⑥　岩木川と千鳥川の取組、慶応2年（1866）。『すりもの古書目録』（20号、
　　p.16）。
　　　木村姓：卵形。

(5)　明治期

ほとんどすべて卵形になっている。この卵形は現在でも続いている。

①　鬼面山横綱土俵入、明治1年〜3年（1867-70）。『江戸相撲錦絵』（p.65）。
　　　木村庄之助：卵形。
②　勧進大相撲土俵入図、明治9年（1876）。『図録「日本相撲史」総覧』
　　（pp.38-9）。
　　　木村庄之助：卵形。
③　楯山と梅ケ谷の取組、明治15年5月。ビックフォード著『相撲と浮世
　　絵の世界』（p.54）。
　　　木村庄之助：卵形。
④　明治17年天覧相撲。堺市博物館制作『相撲の歴史』（p.76）。
　　　木村庄之助：卵形。
　　　木村庄五郎：瓢箪形。
　　　木村庄治郎：卵形。
　　　木村庄三郎：卵形。
⑤　御浜延遼館天覧角觝之図（梅ケ谷横綱土俵入）、明治17年（1884）。『図
　　録「日本相撲史」総覧』（pp.38-9）。
　　　木村庄三郎：卵形。
⑥　梅ケ谷と大達の取組、明治17年。『相撲百年の歴史』（p.101）。

195

4代木村庄三郎（のちの15代木村庄之助）：卵形。

⑦ 西ノ海横綱土俵入。『相撲今むかし』（p.74）。

16代木村庄庄之助：卵形。

⑧ 西ノ海と朝汐の取組、明治25年（1892）。『相撲百年の歴史』（p.109）。

15代木村庄之助：卵形。

⑨ 小錦横綱土俵入、明治29年（1896）。『相撲百年の歴史』（p.110）。

16代木村瀬平：卵形。

⑩ 小錦横綱土俵入、明治29年〜34年。『相撲今むかし』（p.77）。

16代木村庄之助：卵形。

⑪ 上覧相撲の方屋開き、明治31年（1898）。学研発行『大相撲』（pp.66-7）。

16代木村庄之助：卵形。

第7章　相撲の軍配

〔本章は平成10年（1998）アンケート調査を実施し、平成15年（2003）に発表した論考に加筆修正を施して採録したものである。アンケート調査は当時の行司が対象になっているが、調査した内容は基本的に現在でもそのまま生きている。この論考は私が相撲の研究を始めた頃にまとめたものである。〕

1.　関心事

　行司が使用する軍配は「軍配団扇」や「団扇」とも呼ばれているが、最近は単に「軍配」と呼ぶのが普通である。「日本相撲協会寄附行為」の「審判規則　行司」の項でも「軍配」が使用されている。この軍配は勝負の判定や取組の進行などに用い、行司の携帯する必需品であるとみなされている。相撲に軍配があるというのは、だれも疑うことはない。

　それでは、軍配は相撲の中でどんな役割を果たすものとして規定されているのだろうか。実は、この軍配に関しては「審判規則　行司」に次のように述べた条文がある。

軍配に関する条文

　　第1条　行司が審判に際しては、規定の装束（直垂、烏帽子）を着用し、軍配を使用する。

　　第3条　相撲勝負の判定を公示するため、行司は勝ち力士出場の東または西に軍配を明白に差し上げることによって、勝負の決定を示し、両力士立礼の後、勝ち力士に勝ち名乗りを与えて協議の終了を示す。

第4条　行司は、勝負の判定にあたっては、いかなる場合においても、東西いずれかに軍配を上げねばならない。

　すなわち、軍配は土俵上で勝負の判定をするときに使用する必需品である。勝負が決まったら、東か西にむかって軍配を必ず上げなければならない。さらに、勝負の判定をはっきりと宣言するために、勝ち力士が出場してきた東か西に向かって軍配を明白に差し上げる。その際、力士の四股名を呼び上げ、「勝ち名乗り」を与える。これによって取組が終了する。行司が土俵上で軍配を使用するとき、その所作は独特であるが、その所作について規則では何も述べていない。いずれにしても、軍配は行司が土俵上で携帯すべき必需品であり、無用の単なる装飾品ではないのである。

　軍配はまた、規則に述べられていない状況でも使用される。たとえば、関取の土俵入り（十両力士、幕内力士、横綱）、土俵上での力士の呼び上げなどのときにも軍配は使用されている、要するに、行司が正式に装束を着用すれば、軍配もそれと一緒に携える常備品のようなものである。なお、「土俵祭」では行司は土俵の行司装束でなく、神殿のお祓いなどでみるような神主装束だが、祭主は軍配を携えている。そして、「方屋開口故実言上」を始める前に、軍配を左に右に大きく振る。

　軍配は、相撲協会が準備するのではなく、行司がそれぞれ自分で調達するものである。行司にとっては必需品だが、洋服や靴などと同じように自分で揃えなくてはならない。すなわち、軍配は自分のものであり、自分の好きなように作ってよいわけである。たとえば、軍配に文字で短い語句が書き込んであるが、その語句に対する制限は何もない。紋やイラストに関してもそうである。しかし、長い伝統の中で暗黙裡に受け継がれてきたものがあり、どんな語句でもよいということではない。行司としての職務を全うするための語句を選択するのは至極当然であろう。

　行司や軍配の歴史、行司の階級や装束、軍配の房の色などについては相撲関係の文献にかなり詳しく言及されている。したがって、本章ではこれらの事柄についてはほとんど言及しない。本章で扱うのは、軍配に関すること

第7章　相撲の軍配

あるが、相撲の規則に述べてないつぎのような事柄である。

本章の関心事
(1) 軍配の本数。
(2) 軍配の表側と裏側。
(3) 軍配の調達法。
(4) 軍配の材質や大きさ。
(5) 使用済みの軍配の扱い。

　これらの事柄について、実際に、アンケート調査を行ったので、本章では
その結果を報告したい。このアンケート調査をするに際しては、まず相撲協
会理事長に願い書を提出し、その承諾を得た。さらに、行司の最高位である
立行司に口頭でお願いし、許可を受けた。その後で、立行司をとおしてそれ
ぞれの行司にアンケート用紙を配布し、記入してもらった。アンケートを実
施したのは平成11年9月場所中だった。当時の理事長は時津風勝男氏、立行
司は29代木村庄之助であった。行司は45名だったが、アンケート用紙を回
収できたのは34名分だった[1]。その内訳は、次のとおりである。

アンケート回答者の内訳
かっこは実際の行司数を示す。十両行司は正式には「十枚目」と言う。

 (a) 立行司　　　　　2名（2名）
 (b) 三役行司　　　　3名（4名）
 (c) 幕内行司　　　　6名（9名）
 (d) 十両行司　　　　8名（8名）

---

1) アンケート用紙に記入する日程を急ぎすぎたために回収漏れが何名か出てしまった。
しかし、軍配に関して知りたいことは34名分も集まれば、十分だと判断をした。そ
の後、アンケート調査を何回か実施するようになると、できるだけ多く回収できるよ
うに記入期間を長くしたり、行司があまり忙しくない時期を選択したり、調査項目を
少なめにするように工夫した。

(e)	幕下行司	9名	（9名）
(f)	三段目行司	3名	（5名）
(g)	序二段行司	4名	（5名）
(h)	序ノ口行司	1名	（3名）

　アンケートのようなものを行司全員について実施したのは、2000年あまりの長い相撲の歴史の中で私が初めてのようだったが、行司も相撲協会の関係者も非常に協力的であった。ここに改めてこれらの方々に感謝を申し上げたい。

　アンケート調査は4年前に行ったが、その結果は現在でもほとんど変わらないであろう。というのは、行司の定員は45名であり、階級にも変化がないからである。行司の昇格は「行司賞罰規定」にあるように年功序列で決まるわけでないが、現在のところ入門順序でほとんど決まると言ってよい。

　1階級上位への昇格であれば、入門順序によらない抜擢昇格がすでに行われた例があるが、幕下格から幕内格や三役格への昇格のような例のように1階級や2階級飛び越えて昇格した例は、私の知る限りはない。上位行司のすることを見ながら仕事を着実に学んでいくことが、伝統を重んじる行司の世界では重要なので、いきなり1階級や2階級飛び越えて昇格するということは考えられないことである。今後も一つ上位の階級に抜擢昇格させるのがせいぜいであろう。

2. 軍配の本数

　軍配の数は十両行司への昇格を境にして急に増える。十両行司は一人前の行司になったことを意味し、それを祝うために軍配を新しく作るからである。十両行司は「有資格者」となり、幕下以下の行司とは異なる待遇を受ける。力士が十両にあり、関取の仲間入りをするのが一つの夢であるように、行司も十両になることが一つの夢である。

十両行司に昇格しても軍配をすべての行司が新しく調達するわけではない。軍配の調達は個人的なことであり、調達する行司が多いというだけである。十両行司から上位の行司に昇格した場合でも、軍配の調達はまったく個人的なことで、一階級昇格したからといって軍配の数が増えるわけではない。軍配はどの階級にいても新しく調達できるが、十両行司への昇格に伴って新しく調達する傾向があるということである。行司はこれまで持っていた軍配を大事に使用し、昇格してもそれを使用していることが多い。

　行司は上位に昇格すると、下位の行司に軍配を譲ることもある。そのような場合は、行司が所有する軍配の数も当然少なくなる。また、新しい軍配を調達したり、本数が多くなったりした場合など、軍配を寄贈した後援者や知人に記念として返すこともある。行司生活を続けている間であろうと引退した後であろうと、軍配の贈り主に返すのは「普通」でないような気がするが、軍配の場合は独特の意味を持つ「宝」としてみなされ、暗黙裡に「自然な」こととして受け入れられている。もちろん、寄贈してもらった軍配がすべて寄贈者に返されているわけではない。

　このように、軍配は個人的な持ち物のため、その本数も個人によって異なる。これは私たちが洋服や靴などを調達するのと何ら変わりない。個人差があるが、行司は定年65歳までに4、5本というのが普通であろう。長い行司生活で4、5本しか使わないのは意外な感じがしないわけでもないが、それだけ軍配を日頃から大事に維持・管理しているからであると思われる。

　立行司の29代木村庄之助は行司生活で約12本の軍配を使用しているが、これは例外である。木村庄之助が私に示した軍配作成の年代を参考までに次に示す。

（1）29代木村庄之助の軍配作成の年代
　　① 昭和20年（入門時）
　　② 昭和29年（櫻井家の家紋入り）
　　③ 昭和34年（「萬古清風」の文字入り）
　　④ 昭和38年（荒井衛家の家紋入り）

⑤ 昭和53年（荒井衛家の家紋入り）

⑥ 昭和60年（「中道実相」の文字入り）

⑦ 平成4年（櫻井家の家紋入り）

⑧ 平成6年（「平常心」の文字入り）

⑨ 平成6年（鳳凰と貝類の模様入り）

⑩ 平成8年（「和敬静寂」と「曠然自適」の文字入り）

⑪ 平成9年（太陽と月のイラストあり）

⑫ 平成11年（勾玉のイラスト入り）

　これらの軍配は29代木村庄之助の個人的な所有物であるが、立行司は行司の世界で代々受け継がれてきた「譲り団扇」を使用することもある。木村庄之助の譲り団扇としては2本ある。この2本とも相撲博物館に所蔵されており、東京場所や重要な相撲催事でときおり使用される。たとえば、天保4年（1833）から伝わる譲り団扇もその一つで[2]、それには表側と裏側に次のような文字が書かれている。

（2）木村庄之助の譲り団扇
　① 表側：「知進知退　随時出處」
　② 裏側：「冬則龍潜　夏則鳳擧」

　平成10年の2月に長野で冬季オリンピックが開かれ、開会式で横綱曙が土俵入りをしたとき、29代木村庄之助はその土俵入りで長野オリンピック委員会から寄贈された新しい軍配を使った。その軍配の表側には「愛と参加」という文字が書かれている。この軍配は現在、相撲博物館に所蔵されてい

2）　この「天保4年（1833）」の真偽は必ずしも定かでない。なぜならこの軍配が13代庄之助のものだとしたら、この行司は天保4年に初場所を踏んでいるからである。天保4年の後、何年かして贈呈されたはずだ。この譲り団扇だけでなく、他の譲り団扇についても拙著『大相撲行司の伝統と変化』（H22）の第2章「譲り団扇」の中でも扱っている。

る。

　このように、29代木村庄之助は多くの軍配を所有していただけでなく、それ以外にも譲り団扇や相撲協会に寄贈された新しい軍配を使用したが、他の行司はせいぜい3、4本の軍配で土俵上の勝敗を裁いている。同じ立行司の式守伊之助でさえ、軍配の本数はわずか4本であり、軍配の本数は本当に個人によって異なるのである。寄贈者が少なければ、それだけ本数も少なくなる。

　なお、譲り団扇は木村庄之助だけでなく、式守伊之助にも1本ある。これは相撲博物館に所蔵されているが、表側にはかなり難しい漢字で語句が書いてある。

3.　軍配の表側と裏側

　軍配は両面が全く同じ形なので、どちらが表側でどちらが裏側か、必ずしもはっきりしないことがある。基本的には、行司が勝負を裁くとき、上にした面が表側であり、下にした面が裏側である。したがって、同じ面が表側になったり、裏側になったりすることにもなる。しかし、行司はどの面が表側か裏側か、その区別をあまり気にせず、軍配を全体で一つの道具として捉えているようだ。ただ自分のモットーとしての語句が書き込んである軍配では、その語句のある面が表側としてみなされていることが多い。

　このようなあいまいさがあることは否めないが、どちらが「表側」であり、どちらが「裏側」であるかは、行司の判断にゆだねることにした。大体において、文字が書いてあったり、家紋が入っていたりしている面を「表側」、寄贈者や日付や無地の面を「裏側」として行司は扱っているようだ。両面とも「無地」であれば、表側と裏側の区別はできないことになる。実際、軍配を手にし、その区別をどうすればわかるか悩んだが、軍配の場合、表裏の区別をしようとすること自体がそもそも間違った考えなのかもしれない。

　軍配の表側と裏側は、大体、次のように分類される。

203

表側と裏側

① 無地（何も書き込まれていない）

② 文字が書き込んである

③ 家紋が書き込んである

④ 絵やイラストが描かれている

⑤ 寄贈者、日付などが書き込んである（特に裏側で）

軍配で何を書くかはまったく規定がないので、所有者が好きなように判断してよい。無地のままでもよいのである。文字を書き込む場合は、行司のモットーを表すような語句が使われている。たとえば、勝負を一瞬に正しく判断できるように、邪念なく澄み切った心で裁定ができるように、無我の境地で相撲の取組に没頭できるように、といった願いや夢を込めた語句が書き込んである。行司の職務の重さをよく理解し、公平でありたいという思いが如実に表れている。現役行司の軍配に書かれている語句をいくつか見てみよう。

① 決断一瞬	② 虚心坦懐	③ 心技一体	④ 公平無私
⑤ 平常心	⑥ 一味清風	⑦ 一声無心	⑧ 温故知新
⑨ 克己心	⑩ 至誠如神	⑪ 天下泰平	⑫ 無心
⑬ 風林火山	⑭ 勇王邁進	⑮ 無心入魂	⑯ 努力超人
⑰ 寂然不動	⑱ 忍		

このような語句は行司としてのモットーを表す語句なので、これからも新しい語句がきっと増えるに違いない。歴史的に見ても、漢文的な語句がけっこう使われており、現代では読むのに一苦労する。これらの語句は時代に即して選択される傾向があるので、読みづらい語句は避けるようになるであろう。

文字以外では、紋やイラストがけっこう使われている。紋の場合、行司の紋であったり、贈り主の紋であったりでさまざまである。紋の図柄は行司と

贈り主にとっては親しみの湧くものであるが、そうでない人にとってはあまり心に訴えるものがない。紋を使用するのは江戸時代から続く伝統で、紋によっては権威を示す象徴ともなる。相撲の世界ではまだ昔の伝統が根づいているので、紋の使用は今後も続くかもしれない。

　絵やイラストにもさまざまあるが、たとえば、龍や虎のような動物、太陽や月、勾玉などが描かれている。相撲が単なるスポーツではなく、宗教的な行事と関係あることを考えれば、絵やイラストに宗教的匂いのするものが描かれるのは当然であろう。軍配で絵やイラストを描こうとすれば、娯楽としての相撲よりも宗教的な面を強調したくなるのかもしれない。土俵祭に見るように、行司は相撲の神事性を司る任務を担っているので、軍配にもそれが自然に反映されているとみてよいだろう。

　なお、軍配にどのような語句、絵、イラストなどを使うかは贈り主が決めることもある。また、贈り主が行司と相談して決めることもある。立行司が序ノ口や序二段行司のような下位の行司に寄贈するときは、おそらく立行司が文字などを決めているに違いない。

4. 軍配の調達法

　軍配は後援者、友人や知人、親戚、先輩行司、親方などから贈られることが多いが、行司本人が調達することもある。十両以上の行司でも幕下以下の行司でも自分で調達しているものが何名かいる。軍配は自分の所有物なので、自分で調達しても不思議ではないが、相撲界では後援者が大勢いることから、誰かから寄贈されると思われがちである。

　行司の間では立行司の「譲り団扇」だけでなく、十両以上の行司でも先輩行司から代々譲ってもらう軍配が何本かある。しかし、そのような軍配は相撲博物館に所蔵されるというわけでなく、今のところ、先輩行司から後輩行司へ譲られているだけである。また、入門した序ノ口行司には立行司の親方からよく寄贈される。

5. 軍配の材質や大きさ

　軍配は木材が基本である。欅、檜、桐、桑、樫、黒檀、タガヤサンなどがよく使われる。基本となる木材は同じであっても、上位の階級になるにつれて高級感を出すための工夫が施される。たとえば、軍配の面に漆を塗ったり、金細工を施したり、高名な揮毫家に文字を書いてもらったりする。また、絵やイラストでも一流の画家やイラストレーターに描いてもらったりする。

　現在の軍配は卵形ばかりで、大正時代の頃まで用いられていた瓢箪形はもう見られない。また軍配の大きさ、重さ、形などに関しては何の規定もないようである。文書にした規定はないが、慣習で大体決まっているようだ。その慣習によると、円形部分は縦が約25センチ、幅が約20センチ前後、厚さが約8ミリ、柄の長さが全部で約43センチというのが標準的である。アンケート調査によると、サイズに若干の違いが見られる。これは記憶によるものをその場で記入したものであり、厳密に測定すればおそらく若干異なるかもしれない。軍配の重さは大体750〜1,000グラムであると言われている。黒檀、紫檀、タガヤサンといったやや堅い軍配は他の木材でできた軍配よりやや重くなるし、飾り金具の使用量によっても微妙に重さは異なる。

　軍配はどこで作成してもよく、極端に言えば自分で日曜大工的に作成してもかまわない。軍配としての役割を十分果たすものであればよいわけだから、どこで作成しようがかまわないのである。しかし、多くの行司は木工所に頼んで作成してもらっているようだ。以前は「中西木工所（商店）」（東京都江東区新大橋2丁目）という名前がよく見られたが、最近では知り合いの木工所に依頼しているようである。サイズと図面さえあれば、熟練した職人は立派な軍配を作成できるはずである。軍配の原型を作成するのは木工所の職人でも作成できるが、それに漆を塗ったり、金細工を施したり、文字を書いたりするとなると、そうはいかない。蒔絵や家紋などを描くときもそうであ

る。このような装飾的な作業は、他に専門家に依頼しなければならない。実は、この作業いかんによって軍配の値打ちは決まるのである。

軍配の値段もさまざまである。幕下以下行司の軍配は2万円から10万円程度で済むが、十両以上の行司の軍配となると、50万円を超えるものも少なくない。軍配の材質は比較的安いが、その軍配の仕上げ具合によって値段が異なるわけである。実際、値段はあるようで、ないようなものである。たとえば、国宝級の揮毫家や絵師に依頼すれば、その地位に見合う法外のお金を払うこともある。また、模様を作るのに高価な金をちりばめれば、多額の金が必要になるかもしれない。芸従的な仕事になれば、金銭的なことには際限がない。もちろん、善意でサービスすることもあり、必ずしも金銭が絡むわけではない。

6. 使用済みの軍配の扱い

使用済みの軍配は本人が記念として保管することもあるが、それはせいぜい1、2本のようである。多くの場合は、他の行司に譲ったり、寄贈者に返したり、後援者にあげたりしている。中には相撲愛好家に譲るという行司もいる。洋服や靴などと同じように、軍配は個人の持ち物なので、捨ててしまっても不思議でないが、そのような行司はどうやらいないようだ。これは軍配に対する愛着がそれだけ強く、軍配が単なるモノでないことを意味している。すなわち、軍配は装束と同じように行司の一種の象徴であり、大げさに言えば、それに命を賭けているので、大事な宝としていつまでも保存したくなるからであろう。

興味深いことに、相撲愛好家の中にも軍配に独特の魅力を感じているものもかなりいる。現役の行司が使用した軍配なら、それだけで価値があり、所有したいと思っている素襖愛好家は多い。行司はこれまでもたくさん活躍し、定年退職した行司もたくさんいるのに、この行司たちが使用した軍配が愛好家の中でさえなかなか手に入らない。それはやはり軍配が大事な宝とし

207

て保管され、世に簡単に出ないからであろう。

7. 結び

　軍配は、現在は、木製だが、歴史的には、「唐団扇」（神や絹地でできたもの）から「一閑張」（紙を何枚も張り合わせ、漆を塗って硬くしたもの）を経て「木製」になったと言われている。形も現在は卵形が、大正時代あたりまでは瓢箪形もあった。

　軍配は長い歴史の中で少しずつ変化しているが、それがなぜ変化してきたのか、それをはっきり理由づけするような文献はない。もろくて破れやすい唐団扇から丈夫で長持ちするものへ変化したのだという理由づけはあるが、それは後からそう説明しているだけで、使用し始めたときの文献はないのである。それがどのように普及していったのかもはっきりしない。いずれにしても、もし丈夫で長持ちが唯一の理由なら、近い将来は木製でなく金属製の軍配が使用される可能性もある。

　また、瓢箪形が現在すっかり用いられなくなっているが、私の知るかぎり、なぜそうなったかをはっきり述べた文献はない。木村家や式守家によって軍配の形が以前は決まっていたという指摘が文献でときおり見られるが、それもまだ証明されてはいない[3]。たとえ歴史的にはそうであったとしても、それは、現在、瓢箪形が用いられていない証拠とはならないであろう。なぜなら現在も木村家と式守家が、たとえ形式だけだとしても、残っているからである。規定に形のことが何も述べられていないので、いつの日か瓢箪形が復活する可能性はある。また卵形でも瓢箪形でもないまったく別の形をした軍配が使われるかもしれない。伝統を大事にする相撲界だが、規定にないのだから、そういう形の軍配を調達する行司が出ないともかぎらない。

　「審判規則　行司」の項で述べているように、軍配は勝負の判定をするの

---

3)　これについては、すでに第6章「軍配の形」で述べてある。

第7章　相撲の軍配

に大きな役割を果たすが、それ以外でも軍配は使われていることを先に少し
触れた。もう一度詳しくそれを次に箇条書きで示しておきたい。

軍配の使用

(1) 取組前の力士を呼び上げるとき。力士が登場する方向に軍配を向けて
　四股名を呼び上げる。その際、木村家と式守家では軍配の握り方に違
　いがあるが、これは現在、必ずしも一貫して守られているとは言えな
　い[4]。

(2) 立ち合いの成立を表すとき。これは行司が軍配を手元にひくとき、軍
　配の表裏が返るので、「軍配を返す」とか「軍配を引く」という表現
　をしている。

(3) 　勝敗が決まり、勝ち力士を表すとき。勝負が決まると速やかに、「勝
　負あり」とい声を上げながら、勝ち力士が出場してきた方向に軍配を
　差し出す。

(4) 勝ち力士に「勝ち名乗り」を上げるとき。勝負の後、勝ち力士は出場
　してきた「二字口」に戻り中腰の姿勢をとるが、行司は軍配を差し上
　げながら四股名を呼び上げる。軍配は、普通、目の高さあたりに差し
　出している。

(5) 勝ち力士に懸賞金を渡すとき。行司は中腰になって軍配に懸賞金を載
　せて勝ち力士に手渡す。力士は一定の所作で手刀を切ってその賞金を
　受け取る。懸賞金がかかっていないときは、力士は一回だけ斜め上か
　ら下へ手をサッと下す。そして、土俵を降りる。

(6) 十両力士と幕内力士の土俵入りを先導するとき。行司は軍配を横に
　し、両手でそれを支えながら土俵を先導する。そして、全力士が土俵
　入りを終えるまで土俵の中で中腰のまま構えている。

(7) 横綱土俵入りを先導するとき。横綱が土俵で一定の所作をしているあ

---

4)　軍配の握り方については拙著『大相撲行司の伝統と変化』（H5）の第1章「軍配の握
　りかたを巡って」でも扱ってある。

209

いだ、土俵上で中腰になる。そして、軍配を支えながら房を大きく左
に右に振り回したり、たたんで短くしたりしている。

(8) 結びの振れを述べるとき。これは最後の取組の前に、立行司が軍配を
正面に向かって差し上げながらそのことを伝えるものである。この口
上にも一定の表現がある。

(9) 土俵祭で祭主を勤めるとき。このときは行司装束でなく、神官の装束
である。軍配を左に右に大きく振ってから、朗々と声高に「片屋開
き」の故実言上をする。

　これらは軍配を実際に用いる所作なので、テレビや国技館の相撲観戦など
でも実際に確認できる。軍配の使用に関しては規則に述べてあるが、それを
どのような所作で使用するかということに関しては、実は、何の規定もな
い。たとえば、力士を呼び上げるとき、軍配を肩や目の位置とどのくらいの
角度で指し示すか、腕はどのくらいの高さでどのくらいまっすぐにするかな
ど、細かいことは規定されていない。こういう細かい所作は行司の責任にお
いてなされるものであるが、これも長い伝統の中で一定の型がほぼ決まって
いる。その型は相撲の様式美を反映するものであり、先輩行司から後輩行司
へ慣習的に受け継がれているものである。

　本章では、テレビや国技館の相撲観戦などで断片的にしか見られないもの
に焦点を当て、それを現役の行司たちにアンケート形式で調査したが、その
結果は本章の資料編で示してあるとおりである。相撲関係の文献では断片的
に述べられているが、それを確認することがなかなかできなかった。それを
この調査で遂に確認することができたのである。これは大きな成果であると
言ってよい。軍配の語句の場合、現役に行司が実際に使っていたり、これま
でに見たことのあるものに限られていたりするが、実は、過去にもっと多く
の語句が使われている。相撲浮世絵（錦絵）、写真、書籍などからそれらを
ピックアップすることは可能だが、これはあえて列挙するほどのものでもな
いであろう。

第7章　相撲の軍配

【資料】　軍配に関するアンケート質問とその結果

アンケート質問とその結果をできるだけ忠実に次に示しておきたい。他にもいくつか質問事項はあったが、本章と直接関係がないので省略してある。アンケート用紙には「記入したくない箇所は記入しなくてよい」と記しておいたので、未記入箇所もけっこうあった。なお、かっこの数字は回答した行司数を表す。

○　行司階級：　　　　　　（　　　　　）行司。
○　現在の年齢：　　　　　（　　　　　）歳。
○　行司入門の年齢：　　　（　　　　　）歳。

○　現在使用している軍配は、いくつ持っていますか。（　　　　　）本。
　　(a)　立行司　　　　　4 (2)
　　(b)　三役行司　　　　4 (1)、1 (2)
　　(c)　幕内行司　　　　4 (1)、3 (1)、2 (2)、1 (2)
　　(d)　十両行司　　　　4 (2)、3 (3)、2 (2)、1 (1)
　　(e)　幕下行司　　　　1 (9)
　　(f)　三段目行司　　　1 (3)
　　(g)　序二段行司　　　4 (1)、1 (3)
　　(h)　序ノ口行司　　　2 (1)

○　過去には使用していたが、現在使用していない軍配を持っていますか。それはいくつですか。（　　　　　）本。
　　(a)　立行司　　　　　4 (1)、無記入 (1)
　　(b)　三役行司　　　　1 (1)、1 (2)
　　(c)　幕内行司　　　　2 (1)、1 (3)、0 (1)、無記入 (1)
　　(d)　十両行司　　　　6 (1)、2 (1)、1 (1)、0 (3)、無記入 (2)
　　(e)　幕下行司　　　　0 (7)、無記入 (2)
　　(f)　三段目行司　　　1 (2)、0 (1)
　　(g)　序二段行司　　　2 (1)、0 (3)、無記入 (1)
　　(h)　序ノ口行司　　　0 (1)

211

○ 軍配の「表側」と「裏側」には何が書いてありますか。文字なら、それを書いてください。絵なら、何の絵が描かれているか、説明してください。2つ以上持っていたら、それもすべて書いてください。さらに、過去に使用していた軍配の文字も記入してください。

○ 現在使用している軍配の文字や絵
　（a）立行司
　　　　1．「表側」和敬清寂（文字）　　　「裏側」曠然自適（文字）
　　　　2．「表側」太陽と月　　　　　　　「裏側」（イラスト）
　　　　3．「表側」勾玉　　　　　　　　　「裏側」（イラスト）
　　　　4．「表側」家紋　　　　　　　　　「裏側」無記入
　　　　5．「表側」萬古清風（文字）　　　「裏側」無記入
　　　　6．「表側」家紋　　　　　　　　　「裏側」無記入
　　　　7．「表側」鳳凰と貝類　　　　　　「裏側」（イラスト）
　　　　8．「表側」丸葵の御紋　　　　　　「裏側」知人の名前
　（b）三役行司
　　　　1．「表側」一味清風（文字）　　　「裏側」無記入
　　　　2．「表側」富士山　　　　　　　　「裏側」龍（イラスト）
　　　　3．「表側」家紋　　　　　　　　　「裏側」家紋
　　　　4．無記入（1）
　（c）幕内行司
　　　　1．「表側」決断一瞬（文字）　　　「裏側」年月日、贈呈者
　　　　2．「表側」虚心坦懐　　　　　　　「裏側」町紋
　　　　3．「表側」風神、雷神　　　　　　「裏側」寄贈者、日付
　　　　4．「表側」心技一体（文字）　　　「裏側」寄贈者、日付
　　　　5．「表側」家紋　　　　　　　　　「裏側」寄贈者、日付
　　　　6．「表側」龍、虎　　　　　　　　「裏側」龍躍、虎閑
　　　　7．「表側」絵　　　　　　　　　　「裏側」寿（文字）
　　　　8．「表側」龍　　　　　　　　　　「裏側」無記入
　　　　9．無記入（2）
　（d）十両行司
　　　　1．「表側」家紋　　　　　　　　　「裏側」無記入
　　　　2．「表側」家紋　　　　　　　　　「裏側」無記入
　　　　3．「表側」松竹梅の絵　　　　　　「裏側」無記入

第7章　相撲の軍配

4. 「表側」春風駘蕩（文字）　　　「裏側」谷川浩司

5. 「表側」丹心忠貞抱（文字）　　「裏側」無記入

6. 「表側」京都御所の蒔絵　　　　「裏側」新聞四社のマーク

7. 「表側」決断新風（文字）　　　「裏側」稲葉修

8. 「表側」無心帰大道（文字）　　「裏側」森下眞翠

9. 「表側」家紋　「裏側」贈呈者

10. 「表側」絵（しょうきさん「神様」）「裏側」訓（文字）

11. 「表側」一味清風（文字）　　　「裏側」岩国哲人（元出雲市長）

12. 「表側」眞實無私（文字）　　　「裏側」五三の桐

13. 「表側」温故知新（文字）　　　「裏側」私の名前

14. 「表側」鳳凰の絵　　　　　　　「裏側」寄贈者の名前と年月日

15. 「表側」下り藤の紋　　　　　　「裏側」寄贈者の名前と年月日

16. 「表側」無　　　　　　　　　　「裏側」無

17. 「表側」家紋（梅鉢）　　　　　「裏側」日付（昭和52年）

18. 「表側」無　　　　　　　　　　「裏側」無

19. 「表側」秀衡塗　　　　　　　　「裏側」無記入

20. 無記入（1）

(e) 幕下行司

1. 「表側」一声無心（文字）　　　「裏側」無記入

2. 「表側」公平無私（文字）　　　「裏側」第27代木村庄之助

3. 「表側」三十六俵（文字）　　　「裏側」鎮秋君へ、28代庄之助

4. 「表側」何も書かれてない　　　「裏側」無記入

5. 「表側」克己心（文字）　　　　「裏側」堅治郎君へ／28代伊之助

6. 「表側」決断無我（文字）　　　「裏側」無記入

7. 「表側」何も書かれてない　　　「裏側」無記入

8. 無記入（1）

(f) 三段目行司

1. 「表側」公心如　日月（文字）　「裏側」慶一郎君／28代庄之助

2. 「表側」風林火山（文字）　　　「裏側」無記入

3. 「表側」道（文字）　　　　　　「裏側」木村勝也君へ／28代庄之助

(g) 序二段行司

1. 「表側」無心（文字）　　　　　「裏側」無記入

2. 「表側」努力（文字）　　　　　「裏側」無記入

3. 「表側」努力（文字）　　　　　「裏側」書いて頂いた方の名前、自

213

　　　　　　　　　　　　　　　　　　　　　分の名前
　　　4.　「表側」ふきうるし　　　　　　　「裏側」無記入
　(h)　序ノ口行司
　　　1.　「表側」努力（文字）　　　　　　「裏側」行司名、寄贈者の名前
　　　2.　「表側」般若波羅蜜多心経（文字）「裏側」経文が書いてある

○　過去に使用していた軍配の文字や絵（いくつでもけっこう）
　(a)　立行司
　　　1.　「表側」平常心（文字）　　　　　「裏側」無記入
　　　2.　「表側」中道実相（文字）　　　　「裏側」10代錦太夫使う（錦太夫の
　　　　　　　　　　　　　　　　　　　　　譲り軍配）
　　　3.　「表側」五七の桐（紋）　　　　　「裏側」無記入
　　　4.　無記入（1）
　(b)　三役行司
　　　1.　「表側」一味清風（文字）　　　　「裏側」無記入
　　　2.　「表側」富士山　　　　　　　　　「裏側」無記入
　　　3.　「表側」一味清風（文字）　　　　「裏側」年月日
　　　4.　「表側」文字なし、絵なし　　　　「裏側」文字なし、絵なし
　　　5.　無記入（1）
　(c)　幕内行司
　　　1.　「表側」桐の紋　　　　　　　　　「裏側」寄贈者の名前、年月日
　　　2.　「表側」一味清風（文字）　　　　「裏側」無記入
　　　3.　「表側」心技一体（文字）　　　　「裏側」日付
　　　4.　「表側」虚心坦懐　　　　　　　　「裏側」無記入
　　　5.　「表側」紋　　　　　　　　　　　「裏側」無記入
　　　6.　無記入（1）
　(d)　十両行司
　　　1.　「表側」一味清風（文字）　　　　「裏側」無記入
　　　2.　「表側」無心入魂（文字）　　　　「裏側」藤井丙午
　　　3.　「表側」家紋（酒井家）　　　　　「裏側」酒井静夫より
　　　4.　「表側」鯨　　　　　　　　　　　「裏側」富美代会
　　　5.　「表側」努力超人（文字）　　　　「裏側」山口敏夫
　　　6.　「表側」寂然不動（文字）　　　　「裏側」山崎拓
　　　7.　「表側」心技体（文字）　　　　　「裏側」上松陽助

8.「表側」以和為尊（文字）　　　　「裏側」26代庄之助
　　　9.「表側」公平無私（文字）　　　　「裏側」昭和戊午夏／27代木村庄
　　　　　　　　　　　　　　　　　　　　　　　之助
　　10.「表側」公平無私（文字）　　　　「裏側」27代木村庄之助
　　11.「表側」軍配曇無（文字）　　　　「裏側」27代木村庄之助
　　12.「表側」無地　　　　　　　　　　「裏側」無記入
　　13.「表側」無地（2）　　　　　　　「裏側」無地（2）
　　14.「表側」二度塗り　　　　　　　　「裏側」無記入
　　15.「表側」般若心経（文字）　　　　「裏側」無記入
　　16.「表側」家紋（梅鉢）　　　　　　「裏側」日付（昭和52年）
　　17.　無記入（1）
（e）幕下行司
　　　1.「表側」公平無私（文字）　　　　「裏側」為木村元基君江／27代庄
　　　　　　　　　　　　　　　　　　　　　　　之助書
　　　2.「表側」公平無私（文字）　　　　「裏側」27代庄之助書
　　　3.「表側」つたの家紋　　　　　　　「裏側」無記入
　　　4.　無記入（7）
（f）三段目行司
　　　1.「表側」忍（文字）　　　　　　「裏側」孝伸君／28代庄之助
　　　2.　無記入（2）
（g）序二段行司
　　　1.「表側」勇王邁進（文字）　　　「裏側」無記入
　　　2.「表側」無心（文字）　　　　　「裏側」無記入
　　　3.　無記入（3）
（h）序ノ口行司
　　　1.　無記入（1）

○　文字（あるいは絵）は誰が決めましたか。
（a）立行司
　　　1.　贈呈していただいた方（1）
　　　2.　無記入（1）
（b）三役行司
　　　1.　本人（1）
　　　2.　師匠（19代式守伊之助）（1）

    3. 無記入（1）
(c) 幕内行司
    1. 知人（1）
    2. 23代木村庄之助（1）
    3. 寄贈者（1）
    4. 無記入（3）
(d) 十両行司
    1. 譲り団扇だからわかりません（1）
    2. 揮毫者（1）
    3. 寄贈者あるいは製作者（2）
    4. 先代善之輔氏より譲り受けたもの（1）
    5. 本人（1）
    6. 無記入（3）
(e) 幕下行司
    1. 27代木村庄之助（2）
    2. 28代木村庄之助（2）
    3. 29代木村庄之助親方（1）
    4. 無地（1）
    5. 無記入（3）
(f) 三段目行司
    1. 自分（1）
    2. 28代木村庄之助（1）
    3. 無記入（1）
(g) 序二段行司
    1. 27代木村庄之助（1）
    2. 28代木村庄之助（3）
    3. 自分（1）
(h) 序ノ口行司
    1. 親方（1）

○ 文字（あるいは絵）には特別な思いが込められていますか。それは何ですか、
　簡単に説明してください。
(a) 立行司
    1. 平常心：立行司になる前（三役行司の時）、競い合っていたときに頂

いたもので、感無量でした。(1)

   2.　無記入（1）

(b)　三役行司

   1.　無記入（3）

(c)　幕内行司

   1.　桐の家紋（贈ってくれた方の家紋）(1)

   2.　勝負の神、無の心（1）

   3.　無記入（4）

(d)　十両行司

   1.　家紋の軍配の裏の日付を娘（長女）の誕生日にした（1）

   2.　特にありません（1）

   3.　無（1）

   4.　秀衡塗は郷土の塗り物なので誇りを持っています（1）

   5.　無記入（4）

(e)　幕下行司

   1.　土俵に上がると、必ず軍配の文字を見て一声掛けたら無心になるように心がけています（1）

   2.　土俵上では一切の私情を捨てて公平に ….(1)

   3.　三十六俵すなわち土俵にて行司を行っているときは無我夢中になること（1）

   4.　揮毫にして頂いたので何もわかりませんが、自分自身とても気に入っています（1）

   5.　無記入（5）

(f)　三段目行司

   1.　武田信玄が使っていたから（1）

   2.　無記入（2）

(g)　序二段行司

   1.　特になし（1）

   2.　無記入（3）

(h)　序ノ口行司

   1.　どんなことにも努力の心を持って励んでいくようにとの意味が込められている（1）

○ 現在使用している軍配は、いつから使用していますか。

(a) 立行司
    1. 立行司から（1）
    2. 昭和59年9月場所より（1）

(b) 三役行司
    1. 10年（1）
    2. 平成7年1月場所より（1）
    3. 昭和50年ごろ（1）

(c) 幕内行司
    1. 昭和55年1月より（1）
    2. 平成2年より（1）
    3. 平成7年より（1）
    4. 昭和59年1月より（1）
    5. 平成8年より（1）
    6. 昭和63年1月より（1）

(d) 十両行司
    1. 十両行司に昇格してから（7）
    2. 平成9年9月場所から（1）
    3. 平成3年1月から（1）
    4. 平成11年1月から（1）
    5. 家紋のは平成4年1月から（1）
       （記入：主にこれを使用している）
    6. 平成5年9月から（1）
    7. 平成5年1月から（1）
    8. 平成6年1月から（1）

(e) 幕下行司
    1. 昭和58年5月場所（1）
    2. 15年（1）
    3. 8年ほど前（1）
    4. 入門以来（1）
    5. 行司入門1年目より（1）
    6. 平成元年3月場所より（1）
    7. 平成6年5月場所より（1）
    8. 平成5年より（1）

第7章　相撲の軍配

　　　9.　平成2年5月場所より（1）
　(f)　三段目行司
　　　1.　平成3年7月場所から（1）
　　　2.　平成7年7月場所から（1）
　　　3.　入門の時から（1）
　(g)　序二段行司
　　　1.　平成6年3月から（1）
　　　2.　平成6年3月から（1）
　　　3.　入門してすぐ（1）
　　　4.　今年の夏場所（1）
　(h)　序ノ口行司
　　　1.　入門したときから（1）

○　現在使用している軍配は、次のうち、どれですか。
　①　十両行司以上
　　　1.　親方の寄贈（1）
　　　2.　後援者の寄贈（5）
　　　3.　親戚の寄贈（1）
　　　4.　先輩行司の寄贈（3）
　　　5.　友人や知人の寄贈（4）
　　　6.　自分で調達した（5）
　　　7.　その他（記入：譲り団扇（1）。両親の寄贈（1））
　　　8.　無記入（1）
　②　幕下行司以下
　　　9.　親方の寄贈（4）
　　　10.　後援者の寄贈（0）
　　　11.　親戚の寄贈（0）
　　　12.　先輩行司の寄贈（6）
　　　13.　友人や知人の寄贈（0）
　　　14.　自分で調達した（7）

○　入門したとき、最初に手にした軍配はどのように手に入れましたか。
　①　十両行司以上
　　　1.　親方の寄贈（1）

219

2. 後援者の寄贈 (0)

3. 親戚の寄贈 (0)

4. 先輩行司の寄贈 (12)

5. 友人や知人の寄贈 (1)

6. 自分で調達した (4)

7. その他（記入：師匠より頂いた (1)）

② 幕下行司以下

8. 親方の寄贈 (4)

9. 後援者の寄贈 (0)

10. 親戚の寄贈 (0)

11. 先輩行司の寄贈 (10)

12. 友人や知人の寄贈 (0)

13. 自分で調達した (2)

14. 無記入 (1)

○ 現在使用している軍配は、どういうきっかけで持つようになりましたか。

(a) 立行司

1. 私のファンという関係で贈呈してくださいました (1)

2. 無記入 (1)

(b) 三役行司

1. 28代庄之助親方から定年退職の時に譲り受けました (1)

2. 十両行司に昇進して (1)

3. 無記入 (1)

(c) 幕内行司

1. 知人から贈られました (1)

2. 幕内行司昇進の際、寄贈されました（後援者の方より (1)）

3. 無記入 (4)

(d) 十両行司

1. 十両行司格に昇格してから (1)

2. 譲り団扇だから（正直）(1)

3. 谷川浩司さんに書いて頂いて (1)

4. 27代庄之助親方が三役行司時代に使っている軍配が好きだったので同じものを見本にして2本造った (1)

5. 十両行司昇進の際に寄贈された (1)

第7章　相撲の軍配

6. 十両行司昇進に当たり2本作った（2）
7. 十両行司昇格がきっかけで（1）
8. 無記入（2）

(e) 幕下行司
1. 入門して大島親方から戴いたから（1）
2. 幕下行司に上がったとき（1）
3. 行司は全員、軍配を持たないといけないから（1）
4. 幕下行司格になったときに買いました（1）
5. 廃業した先輩行司が以前使用していたもの（2）
6. 無記入（3）

(f) 三段目行司
1. 自分のものにするため（1）
2. 入門したから（1）
3. 無記入（1）

(g) 序二段行司
1. 行司になったから（1）
2. 28代庄之助親方から贈られて（1）
3. 無記入（2）

(h) 序ノ口行司
1. 入門したときにもらったので、とても思いが強く、現在使い続けている（1）

○ 現在使用している軍配は、いつまで使用する予定ですか。
(a) 立行司
1. 退職するまで（1）
2. 定年まで。あとは宝物にする（1）

(b) 三役行司
1. 定年退職まで（3）

(c) 幕内行司
1. 定年65歳まで（3）
2. 無記入（3）

(d) 十両行司
1. 定年退職まで（4）
2. 行司引退まで（1）

221

3. 永久に（1）
4. 最後まで。1が故障したときの予備（1）
5. 不明（1）
（e）幕下以下行司
1. 一生（1）
2. 十両行司昇進まで（3）
3. 使える限りいつまでも（1）
4. 未定（4）
5. この先も使用する（1）
6. 今後数年間は使う予定（2）
7. わからない（3）
8. 無記入（2）

○ 階級が昇進したときも、現在の軍配を使用しますか。
（a）立行司
1. 無記入（2）
（b）三役行司
1. 使用します（2）
2. 無記入（1）
（c）幕内行司
1. 使用します（4）
2. 無記入（2）
（d）十両行司
1. 使用します（8）
（e）幕下行司以下
1. ときおり（1）
2. いいえ（1）
3. 使用する（5）
4. わからない（6）
5. 十両行司まで（2）
6. 無記入（2）

第7章　相撲の軍配

○ **軍配は、昇進するごとに、新しく作り替えましたか。**

　(a) 立行司
　　　1.　新しく作り替えた（2）
　　　2.　同じものを使った（1）

　(b) 三役行司
　　　1.　新しく作り替えた（0）
　　　2.　同じものを使った（2）
　　　3.　無記入（1）

　(c) 幕内行司
　　　1.　新しく作り替えた（2）
　　　2.　同じものを使った（5）

　(d) 十両行司
　　　1.　新しく作り替えた（6）
　　　　（記入：十両行司に昇格のとき、現在の2本を1年がかりで造る）
　　　2.　同じものを使った（3）
　　　3.　無記入（1）

　(e) 幕下行司
　　　1.　新しく作り替えた（0）
　　　2.　同じものを使った（15）
　　　3.　無記入（2）

○ **軍配は、どこで作ってもらいましたか。（具体的に）**

　(a) 立行司
　　　1.　平常心：中西木工所、細工はハレルヤ工器銀店（1）
　　　2.　他の軍配：若狭で（1）
　　　3.　無記入（1）

　(b) 三役行司
　　　1.　中西木工所（1）
　　　2.　石川県輪島塗師（1）
　　　3.　無記入（1）

　(c) 幕内行司
　　　1.　中西木工所　（2）
　　　2.　元呼出しの峰三さん（1）
　　　3.　無記入（3）

223

(d) 十両行司
1. 中西木工所　(7)
2. 大月木工（千葉）(1)
3. 内藤木工（名古屋市中川区）(1)
4. ハレルヤ銀器 (1)
5. 木工店 (1)
6. 譲られたもの (1)

(e) 幕下行司
1. 中西木工所　(4)
2. 部屋の親方（湊親方）からいただいたのでわからない (1)
3. 不明 (2)

(f) 三段目行司
1. 中西木工所　(1)
2. 名古屋の職人さん (1)
3. 無記入 (1)

(g) 序二段行司
1. 不明 (1)
2. 名古屋らしい (1)
3. 名古屋の木工所だが、名前はわからない (1)
4. 無記入 (1)

(h) 序ノ口行司
1. 無記入 (1)

○ 現在使用している軍配の材質は何ですか。（具体的に）
(a) 立行司
1. けやき (1)
2. ひのき (2)
3. したん (1)
4. タガヤサン (1)
5. 無記入 (1)

(b) 三役行司
1. けやき (1)
2. 桐（輪島塗り）(1)
3. 無記入 (1)

第7章　相撲の軍配

(c) 幕内行司
  1. けやき（3）
  2. 無記入（3）
(d) 十両行司
  1. 桧（2）
  2. 一位の木（1）
  3. 黒たん（1）
  4. けやき（1）
  5. したんに銀の細工（1）
  6. タガヤサンに銀の細工（1）
  7. 漆塗りのため、詳しくは不明（1）
  8. 不明（1）
  9. 無記入（1）
(e) 幕下行司
  1. けやき（1）
  2. 桧（5）
  3. 木だが不明（1）
  4. 桐（1）
  5. 無記入（1）
(f) 三段目行司
  1. けやき（2）
  2. 無記入（1）
(g) 序二段行司
  1. 木製（1）
  2. けやき（1）
  3. ひのき（1）
(h) 序ノ口行司
  1. 木が材質で、その上にニスが塗ってある（1）

○ 現在使用している軍配の上下の長さ（縦）、横幅、重さなどを記入してください。（具体的に）
  1. 縦の長さ：44.0　横幅 20.5　（2）
  2. 縦の長さ：44.0　横幅 20.0　（8）
  3. 縦の長さ：43.5　横幅 20.5　（1）

225

4. 縦の長さ：44.6　　横幅 20.5　（1）

5. 縦の長さ：44.5　　横幅 20.0　（2）

6. 縦の長さ：41.0　　横幅 21.0　（1）

7. 縦の長さ：40.0　　横幅 24.0　（1）

8. 縦の長さ：44.0　　横幅 22.0　（7）

9. 縦の長さ：45.0　　横幅 21.0　（1）

10. 縦の長さ：45.0　　横幅 21.0　（1）

11. 縦の長さ：45.0　　横幅 23.0　（1）

12. 縦の長さ：45.0　　横幅 22.0　（1）

○ 階級が上がるにつれて、軍部の材質もよくなりますか。どのように変わりますか。材質を書いてください。（具体的に）

1. （けやき）から（くわ）へ（1）

2. （けやき）から（桐、したん、こくたん）へ（1）

3. 変わらない（1）

4. （木材）から（漆塗り）へ（2）

5. （木材）から（銀材具）へ（1）

6. （けやき）から（したん）へ（1）

7. （ニス塗り）から（漆塗り）へ（3）

8. 元の木材はさまざまですが、面に銀や金の具材をつけるときにはよくなることもある（1）

9. 不明（2）

10. 無記入（2）

○ 軍配を新しく作ってもらったとき、いつごろ（西暦または年号）、いくらぐらい（費用）かかりましたか。

（a）立行司

　　1. 平常心：平成6年初場所、70万円ほど（1）

（b）三役行司

　　1. 未記入

（c）幕内行司

　　1. 1995年、50万円ほど

　　2. 平成59年1月、35万円ほど

　　3. 1990年、50万円ほど

第7章　相撲の軍配

(d) 十両行司
　　1.　漆もの、50万円
　　2.　銀材具、20万円
　　3.　平成5年9月、50万円（自費で）
　　4.　平成5年1月、50万円（自費で）
　　5.　1993年、約50万円
　　6.　昭和57年（二度塗り）、17万円
　　7.　平成10年（秀衡塗）贈呈なのでわからない
(e) 幕下行司
　　1.　昭和58年、2万円
　　2.　いただいたものですから、わからない
　　3.　昭和60年5月、3万円
　　4.　昭和63年、約9万円
　　5.　平成6年5月、3.5万円
(f) 三段目行司
　　1.　平成7年、3万円
　　2.　平成3年、約3万円
(g) 序二段行司
　　1.　無記入
(h) 序ノ口行司
　　1.　親方に作ってもらった

○　序ノ口以降、軍配を先輩から譲り受けたことがありますか。それは、いつ、
　　だれからですか。
(a) 立行司
　　1.　昭和29年ごろ、養父から（7代目式守錦太夫）（1）
　　2.　無記入（1）
(b) 三役行司
　　1.　26代庄之助（錦太夫譲りの軍配）（1）
　　2.　無記入（2）
(c) 幕内行司
　　1.　なし（1）
　　2.　無記入（5）
(d) 十両行司

227

1. 正直の譲り団扇があります。3代正直式守伊之助（24代）から。2代正直木村庄之助（23代）から。小生が4代正直ですので、初代正直が使用した団扇を2つ小生が使用しております。初代は3つもっており、1つはご子息の家にあります。(1)
2. 若者のときに付き人をしていた庄之助親方（28代）から十両行司昇進を期に使用されていた軍配を頂いた。(1)
3. 十枚目昇進時、先代善之輔（現伊之助）より善之輔襲名の記念として(1)
4. 昭和56年3月部屋の先輩恵之助さんから、高砂一門の行司が使用していた軍配ということで(1)
5. なし(1)
6. 無記入(3)

(e) 幕下行司
1. なし(2)
2. 木村善之輔さんから頂いたが、木村将二君にあげた（平成6年5月）(1)
3. 無記入(6)

(f) 三段目行司
1. なし(2)
2. 無記入(3)

(g) 序二段行司
1. なし(1)
2. 無記入(3)

(h) 序ノ口行司
1. 去年（1998）、木村晃之助よりいただいた(1)

○ 現在使用している軍配を使用しなくなったとき、それはどうするつもりですか。
(a) 立行司
1. 他の行司に譲ります(1)
2. 行司以外の人に譲ります(1)
   （記入：贈呈していただいた方に記念として）

(b) 三役行司
1. 他の行司に譲ります(2)

第7章　相撲の軍配

  2．行司以外の人に譲ります（1）
      （記入：記念品として残す）
(c) 幕内行司
  1．他の行司に譲ります（2）
  2．その他（記入：記念として残す（1）。町紋が裏側に入っているので
      役場に寄贈する（1）。寄贈者の家族等に返却する（1））
(d) 十両行司
  1．他の行司に譲ります（3）
  2．正直を襲名した者に譲ります（1）
  3．その他（記入：家宝にする（2）。現在使用している1本のみ大事に保
      管します（1））
(e) 幕下行司
  1．他の行司に譲ります（2）
  2．使用可能であれば（1）
  3．その他（記入：自分で大切に保管（6）。わからない（1））。
(f) 三段目行司
  1．その他（記入：自分で保管（2））
(g) 序二段行司
  1．他の行司に譲ります（1）
  2．行司以外の人に譲ります（1）
      （記入：相撲愛好家（知人））
  3．廃棄する（1）
  4．その他（記入：個人で保有する）
(h) 序ノ口行司
  1．他の行司に譲ります（1）

○ **過去の使用していた軍配を使用しなくなったとき、それはどうしましたか。**
(a) 立行司
  1．他の行司に譲りました（1）
      （記入：「中道実相」の軍配は後輩の10代式守錦太夫に歴代錦太夫の
      譲り団扇として）[1]。
  2．無記入（1）
(b) 三役行司
  1．他の行司に譲りました（1）

229

2. 行司以外の人に譲りました（1）

3. その他（記入：記念品として残す（1））

4. 無記入（1）

(c) 幕内行司

1. 他の行司に譲りました（2）

2. その他（記入：大事に保管してある（1））

3. 無記入（3）

(d) 十両行司

1. 他の行司に譲りました（3）

2. 行司以外の人に譲りました（2）（記入：後援者にあげた（1）。記念として親に譲った（1））

3. その他（記入：保管してある（2））

4. 無記入（1）

(e) 幕下行司

1. 行司以外の人に譲りました（2）
（記入：地方のお世話になった方（1）。相撲文献を集めて研究されている方に（1））

2. 無記入（6）

3. その他（記入：自分で保管（1）。1本しか持っていないので使用している（1））

(f) 三段目行司

1. 無記入（3）

(g) 序二段行司

1. 行司以外の人に譲りました（1）
（記入：行司に興味ある方に）

2. その他（記入：巡業用にした（1））

(h) 序ノ口行司

1. 無記入（1）

---

1) 『大相撲』（1997.5）の「新山善一のぶちかまし問答（第16回）―29代木村庄之助」の中でもこの「中道実相」の団扇について「代々の錦太夫の譲り軍配として残したいと思っています」と語っている。この軍配は平成29年1月現在、12代式守錦太夫（幕内、二所ノ関部屋所属）が使用している。

参考文献

綾川五郎次（編）『一味清風』、学生相撲道場設立事務所、1914（T3）。

荒木精之『相撲道と吉田司家』、相撲司会、1959（S34）。

池田雅雄（編）『写真図説相撲百年の歴史』、講談社、1970（S45）。

池田雅雄『相撲の歴史』、平凡社、1977（S52）。

池田雅雄『大相撲ものしり帖』、ベースボール・マガジン社、」1990（H2）。

岩井左右馬『相撲伝秘書』（写本）、1776（安永5年）。

『江戸相撲錦絵』（『VANVAN相撲界』1986年新春号）、ベースボール・マガジン
　　社、1986。

大橋新太郎（編）『相撲と芝居』、博文館、1900（M33）。

景山忠弘『大相撲名鑑』、学習研究社、1996（H8）。

上司子介『相撲新書』、博文館、1899（M32）／復刻版、ベースボール・マガジ
　　ン社。

金指基『相撲大事典』、現代書館、2002（H13）。

北川博愛『相撲と武士道』、浅草国技館、1911（M44）。

木村喜平次『相撲家伝鈔』（写本）、1714（正徳4年）。

木村庄之助『角觝秘蔵雑録』（写本）、1768（S5）。

木村庄之助（松翁、20代目）『国技勧進相撲』、言霊書房、1942（S17）／1979
　　（S54）、さとう工房。

木村庄之助（22代）・前原太郎『行司と呼出し』、ベースボール・マガジン社、
　　1947（S22）。

木村庄之助（27代、熊谷宗吉）『ハッケヨイ残った』、東京新聞出版局、1994
　　（H6）。

木村庄之助（29代、桜井春芳）『一以貫之』、高知新聞、2002（H14）。

木村政勝『古今相撲大全』（写本）、1763（宝暦13年）／木村清九郎（編）『今古
　　実録相撲大全』、1984（M17）。

木村守直『相撲伝書』、1722（享保7年）。

『国技相撲のすべて』（昭和49年7月別冊相撲夏季号）、ベースボール・マガジン

社、1974。

『国技相撲の歴史』（昭和52年10月別冊相撲秋季号）、ベースボール・マガジン
社、1977。

『国技相撲のすべて』（平成8年11月別冊相撲秋季号）、ベースボール・マガジン
社、1996。

酒井忠正『日本相撲史』（上・中）、ベースボール・マガジン社、1956（S31）／
1964（S39）。

堺市博物館（制作）『相撲の歴史―境・相撲展記念図録―』、境・相撲展実行委員
会、1998（H10）3月。

塩入太輔（編）『相撲秘鑑』、厳々堂、1886（M19）。

式守伊之助（19代、高橋金太郎）、『軍配六十年』、1961（S36）。

式守蝸牛『相撲隠雲解』（写本）、1793（寛政5年）／『VANVAN相撲界』（秋
期号）に収録、1983（S58）。

杉浦善三『相撲鑑』、昇進堂、1911（M44）。

『相撲』編集部『大相撲人物大事典』、ベースボール・マガジン社、2001（H13）。

『相撲浮世絵』（別冊相撲夏季号）、ベースボール・マガジン社、昭和56年（1981）
6月。

『すりもの古書目録』（20号）、すりもの堂書店、2005（H17）。

『図録「日本相撲史」総覧』（別冊歴史読本）、新人物往来社、1992（H4）。

立川焉馬撰『角觝詳説活金剛伝』（写本）、1828（文政11年）。

出羽海秀光『私の相撲自伝』、ベースボール・マガジン社、1954（S29）。

楢崎宗重・和歌森太郎（監修）戸谷太一（編）『大相撲』、学習研究社、1977（S52）。
（本書では「学研（発行）」として表す。）

鳴戸政治『大正時代の大相撲』、国民体力協会、1940（S15）。

日本相撲協会（監修）『相撲』、保育社、1978（S53）。

根間弘海『ここまで知って大相撲通』、グラフ社、1998（H10）。

根間弘海著・岩淵デボラ訳『Q＆A型式で相撲を知るSUMOキークエスチョン
258』、洋販出版、1998（H10）。

根間弘海『大相撲と歩んだ行司人生51年』、33代木村庄之助と共著、英宝社、
2006（H18）。

根間弘海『大相撲行司の伝統と変化』、専修大学出版局、2010（H22）。

参考文献

根間弘海『大相撲行司の世界』、吉川弘文館、2011（H23）。

根間弘海『大相撲行司の軍配房と土俵』、専修大学出版局、2012（H23）。

根間弘海『大相撲の歴史に見る秘話とその検証』、専修大学出版局、2013（H25）。

根間弘海『大相撲行司の房色と賞罰』、専修大学出版局、2016（H28）。

肥後相撲協会『本朝相撲之吉田司家』、1913（T2）。

彦山光三『土俵場規範』、生活社、1938（S13）。

常陸山谷右衛門『相撲大鑑』、民友社、1914（T3）。

ビックフォード、ローレンス『相撲と浮世絵の世界』、講談社インターナショナ
　　ル、1994（H6）。英語の書名は *Sumo and the Woodblock Print Masters*（by
　　Lawrence Bickford）である。

藤島秀光『力士時代の思い出』、国民体力協会、1941（S16）。

古河三樹『江戸時代大相撲』、雄山閣、1968（S43）。

枡岡智・花坂吉兵衛『相撲講本』（復刻版）、誠信出版社、1978（S53）／オリジ
　　ナル版は、相撲講本刊行会、1935（S10）。

三木愛花『相撲史伝』、曙光社、1901（M34）。

三木愛花『増補訂正日本角力史』、吉川弘文館、1909（M42）。

三木愛花『国技角力通』、四六書院、1930（S5）。

三木貞一・山田伊之助（共編）『相撲大観』、博文館、1902（M35）。

武蔵川喜偉『武蔵川回顧録』、ベースボール・マガジン社、1974（S49）。

山田伊之助（編）『相撲大全』、服部書店、1901（M34）。

山田義則『華麗なる脇役』、文芸社、2011（H23）。

鎗田徳之助『日本相撲伝』、大黒屋畫舗、1902（M35）。

吉田追風『ちから草』、吉田司家、1967（S42）。

吉田長孝『原点に還れ』、熊本出版文化会館、2010（H22）。

和歌森太郎『相撲今むかし』、河出書房新社、1963（S38）／隅田文庫、2003
　　（H15）。

あとがき

　拙著『大相撲行司の房色と賞罰』（H28）の最終校正をしている段階でも行司に関する本をもう書くことはないと思っていた。それはその本の「あとがき」にも書いてある。しかし、このように行司に関する本を新たに出版することになった。なぜ本を出す気になったかを簡単に記しておきたい。

　本を書かないといっても、行司の研究を放棄するつもりはなかった。論考がまとまれば、そしてそれが論考に値すると自己判断すれば、専修大学の紀要に発表するつもりだった。それに値するものでなければ、発表しなければ済むことである。定年退職すれば、体力も能力も劣化し、研究らしい研究は続けられないはずだと以前は考えていた。しかし、定年し、のんびり暮らしていても、体力も能力も大学で教員をしていたときと何も変わらない。頭が劣化し、研究を続けられないという感じを抱いたこともない。

　幸いなことに、我が家では毎月一回、相撲好きの仲間10人が集まり、相撲談義に花を咲かせている。話を聞くだけでも相撲はもちろん、行司に関する知識も深くなるし、興味も増してくる。知識が増えれば、疑問点も自然に湧いてくる。それを深く調べてみたくなる。そうなると、文献に当たることになる。当たっても壁にぶつかり、身動きできなくなることもある。普通なら、そこで研究を諦めるが、大学の研究生活はまだ身体の一部となっているらしい。何とか壁をよじ登りたくなるのである。相撲談話会で刺激を受けながら、研究を続けているうちに、4篇の原稿ができあがっていた。

　とはいっても、この4篇は最初から本にするために仕上げたわけではない。談話会では隔月にメンバーが得意の分野に関し何か発表することになっている。そのため、自分の番が回ってきたら、慌てないように普段からまとめておくことにした。それがたまたま4篇になったのである。そうなると、

大学の紀要ではなく、本にしてもよいのではないかという考えが頭をよぎる。本にするにはある程度の分量が必要となる。過去に発表したもので、関連のテーマを扱ったものがないかを調べてみたところ、いくつか候補があった。その中から3篇を選択し、組み込めば本になりそうだと考えた。その結果がこの本である。

　大相撲談話会がなかったら、この本はでき上がらなかったに違いない。一人で黙々と研究しても、それを発表することがないとなると、研究意欲が徐々に失せていく。ところが、同じ研究でも仲間とともに何かを共有しているという気持ちになると、研究を続けることができる。研究は活字にならなくてもいい。研究を続けられるかどうかが問題なのだ。たまたま論考が発表に値する内容であれば、それに越したことはない。談話会のメンバーはそれぞれ得意分野があり、それをみんなが同様に深く研究しているわけではない。メンバーが発表していても、お説をただ拝聴しているということもある。しかし、興味を抱く領域が違っていても、「相撲」という大きな分野では共通する何かがある。これがそれぞれの分野を追求する刺激剤となるのである。

　この本を出す気になったことにはもう一つのエピソードがあった。拙著『大相撲行司の房色と賞罰』（H28）の最終段階で表紙カバーの選定をしていたとき、私が本を書く予定がないということを知っているはずの編集者から、カバーデザインが次の本にも使えるデザインであるという話があった。それはデザイナーと編集者の打ち合わせで出た話である。もしほんのわずかでも可能性があればと考えて、編集者は私に話したようだ。私はそれを聞いたとき、どういうわけか実現できない話でもないという気持ちになった。

　ちょうどその頃、3篇の未発表論考ができ上がっていた。それにもう少し論考を追加すれば一冊の本になるかもしれないという考えが出てきた。それをきっかけに4篇目の原稿を書いてみることにした。すると、それが意外に短期間でまとまり、結果として4篇の論考ができたのである。先にも触れたように、4篇の論考ができたところで、すでに発表した論考からいくつか選定し、本の形として世に出してもよいという判断になった。このように、談

あとがき

話会から受けている刺激と編集者との何気ない話が偶然にも結びつき、新しい本ができたのである。

　私はこれまで行司について何冊か本を出したり論考を発表したりしてきたが、実際はまだわからないことがたくさんある。もちろん、わかることもある。不思議なことに、わからないことには興味が自然に湧く。解決できないかもしれないと思いつつ、自分で設定した課題に取り組むのである。そして、実際に、思ったような結果が得られないこともある。それでも、問題提起をすることができる。問題点を明らかにし、それを解明するために努力したが、どうしても解明できなかったという研究もある。これまでの行司研究では、実際、中途半端な発表で終わったこともあった。このような研究発表を読んで、その中に何かを読み取ってくれれば、その発表には何らかの意義があるかもしれない。そういう気持ちでこの本も出版している。

拙著と拙稿

　これまで行司に関する拙著は8冊、紀要は55篇を公的にしてきた。それを次に列挙する。紀要の中には拙著に中に組み入れたものも少なくない。これらの拙著や拙稿は公的機関を通せば、比較的簡単に容易に入手できる。そのための情報は詳しく記してある。

拙著

(1)　1998、『ここまで知って大相撲通』、グラフ社、237頁。

(2)　1998、『Q&A形式で相撲を知るSUMOキークエスチョン258』（岩淵デボラ訳）、洋販出版、205頁。

(3)　2006、『大相撲と歩んだ行司人生51年』、33代木村庄之助と共著、英宝社、179頁。

(4)　2010、『大相撲行司の伝統と変化』、専修大学出版局、368頁。

(5)　2011、『大相撲行司の世界』、吉川弘文館、193頁。

(6)　2012、『大相撲行司の軍配房と土俵』、専修大学出版局、300頁。

(7)　2013、『大相撲の歴史に見る秘話とその検証』、専修大学出版局、283頁。

(8)　2016、『大相撲行司の房色と賞罰』、専修大学出版局、193頁。

拙稿

(1)　2003、「相撲の軍配」『専修大学人文科学年報』第33号、pp.91-123。

(2)　2003、「行司の作法」『専修人文論集』第73号、pp.281-310。

(3)　2003、「行司の触れごと」『専修大学人文科学研究所月報』第207号、pp.18-41。

(4)　2004、「土俵祭の作法」『専修人文論集』第74号、pp.115-41。

(5)　2004、「行司の改姓」『専修大学人文科学研究所月報』第211号、pp.9-

拙著と拙稿

35。

(6) 2004、「土俵祭の祝詞と神々」『専修人文論集』第75号、pp.149-77。

(7) 2005、「由緒ある行司名」『専修人文論集』第76号、pp.67-96。

(8) 2005、「土俵入りの太刀持ちと行司」『専修経営学論集』第80号、pp.169-203。

(9) 2005、「行司の改名」『専修大学人文科学研究所月報』第218号、pp.39-63。

(10) 2005、「軍配の握り方を巡って（上）」『相撲趣味』第146号、pp.42-53。

(11) 2005、「軍配の握り方を巡って（中）」『相撲趣味』第147号、pp.13-21。

(12) 2005、「軍配房の長さ」『専修人文論集』第77号、pp.269-96。

(13) 2005、「軍配房の色」『専修経営学論集』第81号、pp.149-79。

(14) 2005、「四本柱の色」『専修経営学論集』第81号、pp.103-47。

(15) 2005、「軍配の握り方を巡って（下）」『相撲趣味』第148号、pp.32-51。

(16) 2006、「南部相撲の四角土俵と丸土俵」『専修経営学論集』第82号、pp.131-62。

(17) 2006、「軍配の型」『専修経営学論集』第82号、pp.163-201。

(18) 2006、「譲り団扇」『専修大学人文科学研究所月報』第233号、pp.39-65。

(19) 2006、「天正8年の相撲由来記」『相撲趣味』第149号、pp.14-33。

(20) 2006、「土俵の構築」『専修人文論集』第79号、pp.29-54。

(21) 2006、「土俵の揚巻」『専修経営学論集』第83号、pp.245-76。

(22) 2007、「幕下格以下行司の階級色」『専修経営学論集』第84号、pp.219-40。

(23) 2007、「行司と草履」『専修経営学論集』第84号、pp.185-218。

(24) 2007、「謎の絵は南部相撲ではない」『専修人文論集』第80号、pp.1-30。

(25) 2007、「立行司の階級色」『専修人文論集』第81号、pp.67-97。

(26) 2007、「座布団投げ」『専修経営学論集』第85号、pp.79-106。

(27) 2007、「緋房と草履」『専修経営学論集』第85号、pp.43-78。

(28) 2008、「行司の黒星と規定」『専修人文論集』第82号、pp.155-80。

(29) 2008、「土俵の屋根」『専修経営学論集』第86号、pp.89-130。

(30) 2008、「明治43年5月以降の紫と紫白」『専修人文論集』第83号、pp.259-96。

(31) 2008、「明治43年以前の紫房は紫白だった」『専修経営学論集』第87号、pp.77-126。

(32) 2009、「昭和初期の番付と行司」『専修経営学論集』第88号、pp.123-57。

(33) 2009、「行司の帯刀」『専修人文論集』第84号、pp.283-313。

(34) 2009、「番付の行司」『専修大学人文科学年報』第39号、pp.137-62。

(35) 2009、「帯刀は切腹覚悟のシンボルではない」『専修人文論集』第85号、pp.117-51。

(36) 2009、「明治30年以降の番付と房の色」『専修経営学論集』第89号、pp.51-106。

(37) 2010、「大正時代の番付と房の色」『専修経営学論集』第90号、pp.207-58。

(38) 2010、「明治の立行司の席順」『専修経営学論集』第92号、pp.31-51。

(39) 2010、「改名した行司に聞く」『専修大学人文科学年報』第40号、pp.181-211。

(40) 2010、「立行司も明治11年には帯刀しなかった」『専修人文論集』第87号、pp.99-234。

(41) 2010、「草履の朱房行司と無草履の朱房行司」『専修経営学論集』第91号、pp.23-51。

(42) 2010、「上覧相撲の横綱土俵入りと行司の着用具」『専修経営学論集』第91号、pp.53-69。

(43) 2011、「天覧相撲と土俵入り」『専修人文論集』第88号、pp.229-64。

拙著と拙稿

(44) 2011、「明治時代の四本柱の四色」『専修大学人文科学年報』第41号、pp.143-73。

(45) 2011、「行司の木村姓と式守姓の名乗り」『専修人文論集』第89号、pp.131-58。

(46) 2011、「現役行司の入門アンケート調査」『専修経営学論集』第91号、pp.1-28。

(47) 2012、「土俵三周の太鼓と触れ太鼓」『専修人文論集』第90号、pp.377-408。

(48) 2012、「明治と大正時代の立行司とその昇格年月」『専修大学人文科学年報』第42号、pp.123-52。

(49) 2012、「大正期の立行司を巡って」『専修人文論集』第94号、pp.31-51。

(50) 2012、「大正末期の三名の朱房行司」『専修人文論集』第91号、pp.143-74。

(51) 2013、「江戸時代の行司の紫房と草履」『専修大学人文科学年報』第43号、pp.171-91。

(52) 2013、「足袋行司の出現と定着」『専修人文論集』第92号、pp.165-96。

(53) 2013、「十両以上の行司の軍配」『専修経営学論集』第96号、pp.49-69。

(54) 2015、「軍配左端支えと軍配房振り」『専修人文論集』第97号、pp.510-32。

(55) 2016、「紫房と異種」『専修人文論集』第99号、pp.479-515。

241

索　引

【あ行】

一代限りの立行司　12

伊之助の空位場所と期間　130

位牌行司　121

梅ケ谷と大達の取組　28

梅ケ谷横綱土俵入りの錦絵　17

江都勧進大相撲浮世絵之図　78

絵番付　6

延遼館小相撲天覧之図　91

大相撲取組の図（春亭画）　76

大相撲取組之図（玉波画）　33

小野川と龍門の取組　78

御請書　25,82

【か行】

格草履　99,107

華族会館角觝之図　17,90

かばい手　134

勧進大相撲東西関取鏡　6,80

木村庄之助の先祖書　76

行司監督　138

行司木村家と式守家　32

行司賞罰規定　132

行司宗家　9

行司のストライキ　134

行司番付編成　131

軍配の形　167

軍配の握り方　170

軍配の文字や絵　212,214

国技館開館　2

御免出世鏡　6,80

【さ行】

境川横綱土俵入り　32

死跡　101

紫白　2

紫白打交紐　3

准紫　2

春秋園事件　106

准立行司　43,47

庄之助の空位場所と期間　129

真紫白　2

真の立行司　43

陣幕横綱土俵入之図　81

相撲行司家伝　76

相撲取組の図　79

総紫　2

草履格　97,99

【た行】

立行司　98

立行司格　44

楯山と梅ケ谷の取組　28

索　引

谷風と小野川立合いの図　77

卵形　167

突き手　134

奠都三十年祭ノ図　26

天覧角觝之図　27

天覧相撲取組之図　28

天覧相撲を描いた錦絵　27

当時英雄取組ノ図　19, 75

【な行】

西ノ梅と大鳴門の取組を描いた錦絵　27

西ノ海と剣山の取組　18

日本一江都大相撲土俵入後正面之図　78

【は行】

抜擢人事　134

番付編成要領　131, 132

半々紫白　3

直垂姿の行司　35

瓢箪形　167

副立行司　44

副立行司格　44

筆ノ海と宮城野の取組の図　78

別番付　106

豊歳御代之栄　29, 94

【ま行】

幕内土俵入りの図　78

松翁　44

松翁と一問一答　56

松翁の半々紫白　55

御濱延遼館於テ天覧角觝之図　27

【や行】

靖国神社臨時大祭之図　91

弥生神社天覧角觝之図　17, 91

勇力御代之栄　28, 86, 94

譲り団扇　176, 202

横綱梅ケ谷の土俵入り　90

横綱境川土俵入りの図　81

横綱境川土俵入りを描いた錦絵　25

横綱授与の図　78

横綱大砲土俵入之図　9

横綱西ノ海の土俵入りの錦絵　18

吉田司家　3

著者紹介

根 間 弘 海（ねま　ひろみ）

昭和18年生まれ。専修大学名誉教授。専門は英語音声
学・音韻論。趣味は相撲（特に行司）とユダヤ教の研
究。英語テキストと相撲に関する著書は共著を含め、本
書で93冊目となる。(a) 相撲では『ここまで知って大
相撲通』（グラフ社）、『SUMOキークエスチョン258』
（岩淵デボラ英訳、洋販出版）、『大相撲と歩んだ行司人
生51年』（33代木村庄之助共著、英宝社）、『大相撲行司
の世界』（吉川弘文館）、『大相撲行司の伝統と変化』、
『大相撲行司の軍配房と土俵』、『大相撲の歴史に見る秘
話とその検証』『大相撲行司の房色と賞罰』（専修大学出
版局）がある。(b) 英語では『英語の発音とリズム』
（開拓社）、『英語はリズムだ！』、『リズムに乗せれば英
語は話せる』（ブレーブン・スマイリー共著、創元社）、
『こうすれば通じる英語の発音』（ブレーブン・スマイ
リー共著、ジャパンタイムズ）などがある。

大相撲立行司の軍配と空位

2017年5月20日　　第1版第1刷

著　者	根間　弘海
発行者	笹岡　五郎
発行所	専修大学出版局
	〒101-0051 東京都千代田区神田神保町3-10-3
	㈱専大センチュリー内
	電話 03-3263-4230㈹
印　刷 製　本	亜細亜印刷株式会社

©Hiromi Nema 2017　Printed in Japan
ISBN978-4-88125-316-8

専修大学出版局の本

大相撲行司の房色と賞罰

根間弘海著

A5判　214頁　定価（本体2600円＋税）　　ISBN978-4-88125-307-6

大相撲行司に関する7つの論考と戦後行司の年譜を掲載。丁寧に文献・資料をあたって考察された行司の軍配の房色と階級の関係性、行司の階級の昇降にはどのようなものがあったのかなど、大相撲を別の側面で楽しめる。

大相撲の歴史に見る秘話とその検証

触れ太鼓・土俵の屋根・南部相撲など

根間弘海著

A5判　302頁　定価（本体2800円＋税）　　ISBN978-4-88125-278-9

画像史料と関係者への取材により、大相撲の歴史に隠れた謎を解説する。とくに独自の発展をした南部相撲を取り上げ、江戸相撲や吉田司家との関係を考察する。ほかに座布団投げ、触れ太鼓、土俵の屋根、など。

大相撲行司の軍配房と土俵

根間弘海著

A5判　300頁　定価（本体3200円＋税）　　ISBN978-4-88125-271-0

版画などの画像史料と関係者の証言によって、大相撲行司の歴史を解説する。横綱土俵入りと行司の着用具、朱房行司と行司、木村姓と式守姓、行司の改名、番付と房の色、など。

大相撲行司の伝統と変化

根間弘海著

A5判　368頁　定価（本体3600円＋税）　　ISBN978-4-88125-256-7

主に明治以降の大相撲行司について、絵図資料などを使いながら、その歴史的経緯を明らかにする。軍配の握り方、譲り団扇、行司と草履、行司の帯刀、など。